W0088904

Hanns-Josef Ortheil

Die Insel der Dolci

In den süßen Paradiesen Siziliens

Fotos von Lotta Ortheil

btb

»Beruf: Sizilianist«
(Peter Sloterdijk, in: *Zeilen und Tage. Notizen 2008–2011*)

Die Schreibweise der Speisen- und Getränkenamen entspricht
der jeweiligen Schreibweise vor Ort.

Verlagsgruppe Random House FSC® N001967
Das für dieses Buch verwendete FSC®-zertifizierte
Papier *Profibulk* liefert Sappi, Ahlfeld.

1. Auflage
Genehmigte Taschenbuchausgabe Januar 2015
btb Verlag in der Verlagsgruppe Random House GmbH, München
Copyright © 2013 by LangenMüller in der
F.A. Herbig Verlagsbuchhandlung GmbH, München
Alle Rechte vorbehalten
Umschlaggestaltung: semper smile, München
nach einem Umschlagentwurf von Wolfgang Heinzel
Umschlagfoto: © Lotta Ortheil
Druck und Bindung: Print Consult GmbH, München
MK · Herstellung: sc
Printed in Slovak Republik
ISBN 978-3-442-74855-6

www.btb-verlag.de
www.facebook.com/btbverlag
Besuchen Sie auch unseren LiteraturBlog www.transatlantik.de

Inhalt

Ankunft in Catania

Die *Via Etnea* ist eine schnurgerade, kilometerlange Straße im Herzen Catanias. Vom Domplatz aus steigt sie allmählich an und verläuft direkt auf den in der Ferne gut sichtbaren Gipfel des Ätna zu. Mein Hotel liegt an dieser Straße, sodass ich den schneebedeckten Vulkan bei meiner Ankunft nahe vor Augen habe. Als ich mit einem Leihwagen vom Flughafen Catanias aus ankomme, empfiehlt mir die junge Frau an der Rezeption, das Abendessen ganz in der Nähe, bei *Peppino*, einzunehmen. Dort sei immer etwas los, und außerdem gebe es bei *Peppino* besonders gute *Dolci*.

Es ist Sonntagabend, bei *Peppino* (*Via Empedocle, 35*) sind im Erdgeschoss und oben, im luftigeren ersten Stock, alle Tische besetzt. Ich bin reichlich spät, aber das macht nichts – sagt jedenfalls Giovanni, mein Berater und Kellner. Vorne, an der kleinen Bar im Eingang, soll ich zunächst Platz nehmen und auf Kosten des Hauses einen der guten *Liquori* trinken, die nicht nur alle hausgemacht sind, sondern deren Grundstoffe auch aus eigenem Anbau stammen. Es gibt Zitronen-, Zimt-, Schokoladen- oder Kräuterlikör, und jeder dieser *Liquori* beruht auf uralten Rezepten, die bis zu den Zeiten der Römer zurückreichen. Giovanni stellt die kleinen, bauchigen Flaschen einfach nebeneinander vor mich hin, ich kann probieren, was und wie viel auch immer ich will. Die *Liquori* haben alle einen stark samtigen, enorm konzentrierten Geschmack, als bestünde die ganze Welt nur aus einem einzigen, geballten Aroma. Man beginnt mit Zimt, dann kommen Schokolade, Kräuter und schließlich Zitrone dran, dazwischen gibt es jeweils ein kleines Glas Wasser, um die Aromen auf der Zunge voneinander zu trennen.

Als ich alle *Liquori* probiert habe, ist mein Appetit auf die klassischen italienischen Gerichte längst verflogen. Ich sehne mich höchstens noch nach etwas weiterem Süßen, und als ich Giovanni das sage, nickt er nur bestätigend mit dem Kopf: Die *Dolci*, erklärt er, seien die zweite sizilianische Mahlzeit, und sie seien eindeutig die raffiniertere. Die Sizilianer liebten die *Dolci* mehr als alles andere, mehr als Pasta, Fleisch, Fisch, ja, die *Dolci* seien die ureigenste sizilianische Küche, basierend auf den Früchten und Aromen der Insel, auf Orangen, Zitronen, Mandeln und schwerem, süßem Wein, Produkten eines Sonnenlandes, das mit Hilfe der *Dolci* den hohen Temperaturen trotze. Wer will, wenn es derart heiß ist wie auf Sizilien, viel Fleisch und Fisch essen? fragt Giovanni und antwortet gleich selbst: Niemand, kein Mensch. Wenn es sehr heiß ist, mehr als dreißig, vierzig Grad, ernährt man sich manchmal den ganzen Tag über nur von *Dolci*. Sie beinhalten alles, was der Körper zum Leben braucht, das Süße wie das Bittere, sie sind unsere eigentliche Mahlzeit, und wir wetteifern um nichts mehr als darum, die besten herzustellen. Jede gute sizilianische Familie hat ihre eigenen Rezepte, jede hat ihr *Dolci*-Wissen, ist das nicht fantastisch?

Giovanni braucht mich nicht zu überzeugen, längst hat der *Dolci*-Appetit alle anderen Formen des Appetits verdrängt. Und als ich mich umschaue, sehe ich, dass es den Gästen von *Peppino* genauso geht. Niemand hält sich noch lange bei Fleisch, Fisch oder Salat auf, die Tische sind jetzt mit *Dolci* eingedeckt. Als endlich ein kleiner Zweipersonen-Tisch frei wird, bestelle ich eine große Flasche Wasser und eine Auswahl von *Dolci*. Und Giovanni serviert kleine Kuchen, verschiedene *Sorbets*, klein geschnittenes Obst (für zwischendurch), Eis und Pralinen. Der ganze Tisch ist schließlich mit lauter *Dolci* gedeckt, und ich beginne zu begreifen, dass ich ganz nebenbei auf ein großes Sizilien-Thema gestoßen bin.

Als ich die Trattoria später als einer der letzten Gäste verlasse, scheint mein ganzer Körper von den süßen Aromen durchdrungen. Und draußen, im Freien, scheinen diese Aromen plötzlich ebenfalls allgegenwärtig: Was für ein herrlicher Geruch, was für ein Duft von Blüten und allerhand Grünem! Ein Erdblütenduft! Ein Duft, der von den schweren, dunklen Bäumen herkommt, die hier und da an den kleinen Plätzen der *Via Etnea* stehen! Solche Düfte machen aus den warmen Windböen dichte Polster, die vor den Hauseingängen lagern oder in den Tordurchfahrten lauern. Fast mit jedem Schritt verändern sich so für den Fußgänger die Atmosphären, werden weicher, wärmer und rasch wieder kühler, unablässig. Es ist, als schickte das halbe agrarische Lavaland rund um den Ätna unermüdlich Duftimpulse aus den Höhen hinab in die Stadt. Ich bleibe stehen und schließe für einen Moment die Augen.

Im November 1881 kommt der schwer kranke Richard Wagner zusammen mit seiner Frau Cosima nach Sizilien, um in Palermo Ruhe und Erholung zu finden. Wagner arbeitet am letzten Teil seiner Oper *Parsifal,* die im Jahr darauf in Bayreuth uraufgeführt werden soll. Schon kurz nach seiner Ankunft auf der Insel schreibt er an den bayerischen König, Ludwig II., wie gut ihm Sonne und Wärme bekämen und dass die halbe Umgebung voller Gärten und Wälder mit fruchtbeladenen Orangenbäumen sei. Und dann diese herrliche Luft, deren Einatmung fortwährend erquicke und berausche! Kein Wunder, dass es mit der Arbeit an der Oper sofort vorangegangen sei. Dieses wunderbare Land und sein Klima packten die tief gesunkenen Lebenssäfte und kräftigten sie, schreibt Wagner.

Catania –
Via Etnea, die Luststraße der Dolci

Am kommenden Morgen nehme ich mir Zeit, die lang gestreckte *Via Etnea* von meinem Hotel aus bis hinunter zum Domplatz zu gehen. Im Erdgeschoss vieler Häuser befinden sich kleine Garküchen, in denen man in Windeseile einen Imbiss für unterwegs bekommt. Am häufigsten werden die safrangelb schimmernden *Arancini* gekauft, die von Weitem wie kleine Orangen aussehen. Es handelt sich aber um Reisbällchen, die mit Fleisch, Fisch oder Gemüse gefüllt sind. Sie werden von einem dünnen Backteig mit Semmelbröseln umhüllt und wurden einige Minuten in Öl frittiert. In den gläsernen, dampfenden Auslagen der Garküchen werden sie warm gehalten und einem dann auf die Hand gereicht. Sie sind der ideale Imbiss für unterwegs: nahrhaft, gut gewürzt, eine kleine Speise für nebenbei.

Und was gibt es ganz nebenbei zu trinken? Alle paar hundert Meter trifft man auf einen Kiosk, an dem Fruchtsäfte ausgeschenkt werden. Es gibt ausgepressten Orangen- oder Zitronensaft, aber es gibt im Besonderen alle nur denkbaren Sorten von Sirup, der jeweils mit etwas abgekochtem oder destilliertem Wasser verdünnt wurde. *Sciroppo* heißt das hellfarben (orange, gelb, grün) schimmernde Getränk in einem kleinen Becher, das in großen, gut gekühlten Glasbehältern aufbewahrt wird. Ein Becher kostet nicht einmal 50 Cent, und man hat dann eine winzige, rasche Kühlung zum Beispiel von Kaktusfeigensirup mit Wasser auf der Zunge. An heißen Tagen sind die *Sciroppi* das ideale Getränk: Sie erfrischen sofort, haben einen kräftigen Fruchtgeschmack und einen nicht zu hohen Zuckergehalt. Damit sind sie allemal besser als die gängigen Limonadensorten, die man höchstens flaschenweise bekommt und die den Durst weniger stillen als vermehren.

An den größeren Plätzen jedoch stehen kleine Eiswagen, die bereits am frühen Morgen stark frequentiert sind. Es gibt die traditionelle Eiscreme, es gibt aber auch *Sorbets* und schließlich die besonders erfrischenden *Granite*, die meist nur aus Wasser, Zucker und Fruchtsaft (Zitrone!, Mandarine!) bestehen. Auch die *Granite* werden in kleinen Bechern serviert, die in einem Stück gefalteten Papier stecken, damit die Hand keine Tropfen abbekommt. Überall an den Rändern eines solchen Platzes stehen Paare und Gruppen von *Granite*-Essern herum, die sich während des Löffelns der sofort belebenden Erfrischungen ruhig unterhalten und immer wieder einen Blick auf die *Granita* des Gegenübers werfen: Wie schmeckt heute die Melonen-*Granita*? Und wie die aus Espresso? Jede Unterhaltung wird grundiert vom Gespräch über das gerade Verzehrte, refrainartig kommen die Esser auf diese Themen zurück, berühren sie, wechseln das Thema und landen doch immer wieder bei den zentralen Fragen: Wie war die *Granita* heute, zu viel Zucker, gutes Wasser? Und welche wird man morgen probieren?

In den Jahren 1801/1802 befindet sich der Schriftsteller Johann Gottfried Seume auf einer der längsten Fußwanderungen der damaligen Zeit. Allein, nur ausgerüstet mit dem nötigsten Behelf, geht er von Grimma bei Leipzig durch ganz Italien bis ins sizilianische Syrakus. Auf Sizilien besteigt er auch den Ätna und arbeitet sich am frühen Morgen durch hohen Schnee auf den Gipfel zu. Um sich zu stärken, isst Seume dann und wann von den Apfelsinen, die er in einer Tasche dabeihat. Sie sind leicht angefroren, aber gerade diese leichte Kälte intensiviert ihren Geschmack. Seume glaubt, nie etwas derart Köstliches gegessen zu haben. Was er kostete, war eine Apfelsinen-*Granita,* und wahrhaftig ist die *Granita* später vor allem deshalb zu einer sizilianischen Köstlichkeit geworden, weil man sich des Schnees vom Ätna bediente und ihn in die Ebene beförderte. Als Seume alle Apfelsinen verzehrt hatte, stillte er seinen Appetit mit Schnee, er konnte nicht ahnen, dass er eine später typisch sizilianische Speise entdeckt hatte.

In Gestalt der *Granite* ist der gewaltige, das ganze Jahr über schneebedeckte Ätna in den Städten und Dörfern seiner Umgebung präsent. Manchmal schauen die Einwohner hinauf zu dem im Sonnenlicht leuchtenden Gipfel, und wenn während dieser Blicke etwas von dem gestoßenen, körnigen Eis der *Granite* auf der Zunge zergeht, ist die Fantasie nicht weit, dass man auf der Zunge direkt den fernen Schnee des Ätna kostet. (Viele Sizilianer beginnen das Frühstück mit einer *Granita*, in die kleine Stücke *Brioche* getaucht werden. Erst nach langsamem Verzehr dieses Duos von Kälte und duftiger Basis wird der erste starke *Caffè* getrunken, danach folgt noch ein Glas Wasser. Die Dreiheit von *Granita* (mit *Brioche*), *Caffè* und *Wasser* ist wie ein von innen belebendes, eiskaltes und gleichzeitig stärkendes Bad, die pure Erfrischung der Frühe ...)

Da, wo die größeren Plätze in schmalere Gassen übergehen, locken nun aber wiederum andere *Dolci*. Denn hier stehen Männer meist mittleren Alters an den Straßenecken mit allerhand Süßigkeiten und Bonbons, die in buntes Papier gewickelt sind und, in großen Holzkisten aufgetürmt, daliegen wie süße Spreu, die man sich nun zur weiteren Versorgung mit Süßem in die Taschen stopft. (Nie soll diese Versorgung enden, das Süße ist in allen Formaten und Formationen präsent, es ist dafür gesorgt, dass es einen den ganzen Tag begleitet und jederzeit zur Hand ist. So macht es den großen Grundakkord aller anderen Ernährung aus, die immer wieder vom Süßen ausgeht und zu ihm zurückkehrt.) Es handelt sich um *Ossa di morto (Totenknochen),* die aus einfachsten Zutaten (etwas Mehl, Zimt, Gewürznelken und Zucker) bestehen und meist auf der Unterseite leicht dunkel karamellisiert sind, sonst aber vollkommen weiß und porös erscheinen, als wären es luftige Baisers. Das aber sind sie nicht, sie sind erheblich fester und süßer, man bricht sie durch und lässt die

Stücke dann auf der Zunge zergehen, erst nach einer Weile lösen sie sich langsam auf und geben den starken Zimt- und Nelkengeschmack frei.

Fulco di Verdura, Herzog von Verdura, einer der letzten, großen Aristokraten Siziliens, der später ein weltbekannter Juwelier zunächst in Diensten Coco Chanels, dann in eigener Regie wurde, schreibt in seinen Kindheitserinnerungen, dass in den Nächten vom 1. auf den 2. November die Toten der Familie bei den Lebenden zu Besuch waren. Altem heidnischem Brauchtum entsprechend, deponierten sie ihre Geschenke für die Kinder an den Fußenden der Kinderbetten. Di Verdura erzählt, dass der alljährliche Besuch der Toten ihn nicht erschreckt oder geängstigt habe, im Gegenteil, er habe vielmehr das Gefühl gehabt, mit den Toten (wie zum Beispiel mit seinem bereits verstorbenen älteren Bruder) verbunden zu sein. Um diese Verbindung noch zu betonen, zog die ganze Familie am Allerseelentag auf den Friedhof, um an den Gräbern ausgiebig und unter Einsatz von Gesang, Musik und allerhand anderen Deklamationen zu speisen. In den Dörfern gab es an diesem Tag kleine Märkte, die das Zusammensein mit den Toten zu Dorffesten gestalteten, die bis in die tiefe Nacht dauerten. Auf diesen Märkten wurden die *Ossa di morto* angeboten, die übersüßen und immer etwas harten und bleichweißen *Dolci*, die an die Gebeine der Toten erinnerten. Di Fulco erzählt davon, als Kind an allen Ständen des Marktes die Rufe der Verkäufer gehört zu haben: *Chi ti portaru i morti? (Was haben dir die Toten gebracht?)*

Der Gang die *Via Etnea* hinab endet in der Nähe des großen Hafens, auf dem Domplatz. Bis hierher sollen sich die Lava-

15

massen des Ätna bei seinem großen Ausbruch im Jahr 1669 vorgeschoben und alle Häuser unter sich begraben haben. Jetzt ist der Domplatz eine helle, weite Insel, die an den Rändern von vielen Cafés eingerahmt wird. Dass es so viele Cafés gibt, ist durchaus eine sizilianische Besonderheit, denn im Gegensatz zu den italienischen Städten auf dem Festland wird auf Sizilien die eher nordeuropäische Errungenschaft des Cafés kultiviert. Wo es im sonstigen Italien nur die Bar mit der langen Bartheke gibt, an der ein Gast in wenigen Minuten einen starken *Caffè* oder eine andere Erfrischung trinkt, gibt es auf Sizilien das Café, in dem man sich an kleinen, runden Tischen Zeit für die *Dolci* des Landes lässt. Die Kultur der *Dolci* brachte daher hier auch eine Kaffeehauskultur hervor, und so beobachtet man als fremder Besucher mit großem Erstaunen, wie an den Freilufttischen der Domplatz-Cafés Kuchen und Eis, *Granite* und *Sorbets* beinahe andächtig genossen werden. Kein Alkohol, keine anderen festen Speisen haben hier Platz, das Kaffeehaus dient einzig und vor allem dem Verzehr der *Dolci*, begleitet von *Caffè* oder einem Glas Wasser nach dem andern.

Unterhalb des Domplatzes aber schließt sich zum Meer hin der große Fischmarkt an, der nicht nur ein Fischmarkt ist, sondern ein Markt für all die agrarischen Produkte, die in den fruchtbaren Lavaregionen rund um Catania angebaut werden. Die Fruchtberge werden von einzelnen, in der Mitte durchgeschnittenen und daher in der Form von zwei offenen Hälften präsentierten Früchten bekrönt, deren funkelndes Innere direkt zum Verzehr auffordert. Am stärksten wirken die Bilder der *Cedro*, einer schweren Zitronatzitrone, die erheblich größer ist als die normale Zitrone und nur wenig

Fruchtfleisch enthält. Statt des Fruchtfleischs wird vor allem die Schale mit ihrer dicken, inneren, weißen Schicht zur Herstellung von Zitronat verwendet. In dünne Scheiben geschnitten und mit etwas Öl angemacht, schmeckt dieses Innere der *Cedro* aber auch roh vorzüglich. Daneben gibt es natürlich Orangen aller Art, gelbe Zitronen und vor allem die dunkelgrünen, kleineren Limetten, die bei der Herstellung von *Dolci* oft eine nicht unbedeutende Rolle spielen.

(In einem hymnischen Essay auf die Schönheit der Zitrone hat der Schriftsteller, Essayist und Übersetzer Joachim Kalka die Magie dieser Frucht bündig zusammengefasst: »Denn das ist die Zitrone: ein erstaunliches, wunderbares, handliches Stück Intensität. Strahlender Farbfleck im leuchtend dunkelgrünen Laub; hinreißendes Geschmackserlebnis, profund und einfach. Gelb und großartig sauer.«)

Auch in der Umgebung des Fischmarkts kann man an kleinen Kaffeehaustischen Platz nehmen, wo man mit den Händlern rasch ins Gespräch kommt. Sie empfehlen, die berühmte Orangenstraße, die *Via dell' Arancia Rossa*, von Syrakus aus ins Landesinnere zu fahren. Oder nach Norden aufzubrechen, in die Honigregionen von Zafferana Etnea, wo der beste Honig Siziliens gewonnen wird. Oder nach Westen, Richtung Enna, wo es in einem kleinen Ort namens Catenanuova die Firma *Daidone* gebe, die zu den ältesten und berühmtesten *Dolci*-Herstellern Siziliens gehöre. Es gibt starken *Caffè* und dazu kandierte, in dunkle Schokolade getauchte Orangenspalten, so mischt sich der Geschmack des *Caffès* (als Basis) mit dem des Kakaos, während in diese Mischung die leicht bittere, konzentrierte Süße der Orange hineinspielt.

Aus Catania meldet der Fußwanderer Johann Gottfried Seume seinen Freunden in Deutschland, dass er dort eine der besten Mahlzeiten seines Lebens genossen habe. Und das, obwohl die Mahlzeit nur aus frischen Produkten der näheren Umgebung bestanden habe: aus Fischen, Orangen, Wein, Feigen, Kastanien und – Schnepfen (!), alles vom Fuß des Ätna.

Von Catania nach Catenanuova

Ich entschließe mich, nicht weiter an der Küste entlangzufahren, sondern den Weg ins Landesinnere, Richtung Enna, zu nehmen. Der kleine Ort Catenanuova liegt nahe der Autobahn, der *Dolci*-Hersteller *Dcidone* residiert hier auf einem großen Gelände, angefangen hat diese *Dolci*-Produktion jedoch in einer kleinen, dörflichen Pasticceria, die es noch heute in der Ortsmitte gibt (*Corso Vittorio Emanuele III, 51*). Es ist nicht leicht, in der Nähe dieser weithin bekannten Räume einen Parkplatz zu bekommen, von allen Seiten wird die Pasticceria (selbst von Lastwagenfahrern, die zu einem kurzen Stopp von der Autobahn abbiegen) aufgesucht. Die Männer eilen (bei laufendem Motor) in den Empfangsraum, trinken rasch einen starken *Caffè* und verlassen die Pasticceria mit einem kleinen Tablett, auf dem die Verkäufer eine Mischung verschiedener *Dolci* je nach Bestellung zusammengestellt haben.

Einer dieser Verkäufer hat längere Zeit in Deutschland gearbeitet und möchte sich unbedingt wieder auf Deutsch unterhalten, er unterbricht seine Arbeit, kommt hinter der Verkaufstheke hervor und beginnt mit einer kleinen Führung. *Daidone*, erzählt er, gibt es seit 1945, die Firma hat in ihrer Geschichte schon hohe Würdenträger (Päpste, Staatspräsidenten) mit ihren *Dolci* erfreut. Der Barraum an der Straße ist noch beinahe unverändert, auf der linken Seite gibt es *Caffè* und andere Getränke, und rechts befinden sich die Auslagen mit der ganzen Palette der hauseigenen *Dolci*. An diesen Barraum aber schließt sich ein kleiner Salone an, ein Caféhaus en miniature, mit den üblichen kreisrunden Tischen, an denen man nichts anderes als *Dolci* verzehrt. Wer Kräftigeres essen will, kann dies im ersten Stock tun, der Salone jedoch ist ausschließlich den *Dolci* und den ihnen zugeordneten Getränken (*Caffè*, Tee, Wasser, Likör) vorbehalten.

Hier gibt es die besten *Paste di mandorla* (Mandelgebäck) Siziliens, erklärt mein Begleiter. Das übliche Rezept besteht aus wenig anderem als klein gehackten Mandeln, Eiweiß, Zucker und Mehl, bei *Daidone* wird die Teigmasse nun noch mit einer speziellen Mandarinenkonfitüre gefüllt. Bricht man die »S«-förmigen Gebäckstücke durch, leuchtet diese Füllung dunkel auf, sie verbindet sich beim Kosten mit der Trockenheit des Gebäcks, sodass daraus eine einzigartige Melange entsteht: Das Süße gebunden durch das Trockene, keines von beiden vorherrschend. Die große Raffinesse der sizilianischen *Dolci*-Produktion, erfahre ich weiter, besteht aus einem genauen Wissen um solche Kombinationen.

Noch ein gutes Beispiel: *Cassatedi* ... – ein Gebäck in der Form traditioneller Ravioli. Die *Cassatedi* übersetzen die Ravioli-Form in eine *Dolci*-Form, die schmalen, gezackten Halbmonde bestehen aus einem mit etwas Marsala verfeinerten, aber sonst einfachen Teig, der mit einer ausgetüftelten Ricotta-Füllung veredelt wird. Beißt man vorsichtig in die mit Puderzucker bestreuten kleinen Gebäcktaschen, strömt diese Füllung (u. a. aus Schokolade, Zimt, Zitronat, Orangeat und Honig bestehend) wie schwere, süße Lava langsam auf die Zunge. Das Geheimnis liegt in der Konsistenz: Auf keinen Fall darf der Gebäckmantel allzu trocken, und auf keinen Fall darf die Füllung allzu fest oder gar steif sein, *Cassatedi* schmecken nur vollkommen frisch, direkt aus dem Ofen, noch lauwarm.

Und wie soll ich nun vorgehen? Was zuerst? Und wie weiter? Ich soll mit einem Glas kühler Mandelmilch beginnen, heißt es, aber höchstens einen Schluck nehmen, um Zunge und Gaumen einzustimmen. Dann soll ich etwas Mandelgebäck in die Milch tauchen und einige *Paste di mandorla* und danach einige *Cassatedi* verzehren. Danach soll ich erneut einen Schluck pure Mandelmilch trinken und den Geschmack mit etwas stillem Wasser löschen. Darauf einen doppelten starken *Caffè* und etwas vom hausgemachten Kaffeelikör. Anschließend einige kleinere Stücke *Torrone*, also ganze, mit flüssigem und kristallin gewordenem Zucker übergossene Mandeln. Wieder etwas Kaffeelikör. Und zum Abschluss ein Orangen-*Sorbet*. Halte ich das durch? Ist es nicht zu viel? Angeblich ist es auf keinen Fall zu viel, wenn ich nur kleine Mengen koste, zwischendurch *Caffè* und Likör trinke und immer wieder mit reichlich stillem Wasser ablösche. Das Ganze ist ein *Dolci*-Menu von einzigartiger Logik, behauptet mein Begleiter. Man beginnt mit Flüssigem, durchstreift vom gefüllten Gebäck über die kristalline *Torrone* lauter Mandel-Variationen und endet schließlich nicht mit Gebäck, sondern mit den Aromen der Orange. Perfekt.

Ich lasse mir Zeit, sodass ich für dieses Menu beinahe eine ganze Stunde brauche. Es stimmt, die begleitenden Getränke heben die Schwere der *Dolci* immer wieder auf und geben dem Geschmack eine neutrale Richtung. Als ich mein Menu beende, habe ich nicht das Gefühl, zu viel Süßes gegessen zu haben. Auf die Kombinationen kommt es an, sagt mein Begleiter zum Abschied und schenkt mir (damit ich unterwegs nicht zu darben brauche) eine hellgrün leuchtende Blechdose mit Gebäck. Gute Sizilianer haben, wenn sie unterwegs sind, immer so eine Dose bei sich, sagt er. Ich zahle, bedanke mich und mache mich beruhigt und einigermaßen stolz auf den Weg Richtung Enna. Längst habe ich im Land der *Dolci* zu Zentren seiner Geheimnisse gefunden. Auf die Kombinationen und Mischungen kommt es an, genauso ist es.

Die Grünzeugsammler – Auf dem Weg nach Enna

Im April 1787 ist der Dichter Johann Wolfgang von Goethe in der Umgebung von Enna unterwegs. Sein wacher Blick streift über die langen, langen, einsamen Täler, die, wie er (sich wiederholend und leicht aufstöhnend) notiert, unbebaut und unbewohnt daliegen, dem weidenden Vieh überlassen. Ungeheure Distelmassen beengen den Tieren die Weide, die Disteln, schreibt Goethe mit gezügelter Empörung, nähmen einen unglaublichen Raum ein und reichten bis zu den Landgütern. Dabei könne man sie leicht beseitigen, man müsse sie nur zeitig, vor der Blüte, niedermähen. Goethe will sich von dem unangenehmen und empörenden Bild abwenden, als er zwei Sizilianer bemerkt, die sich mit scharfen Taschenmessern über die Disteln hermachen. Die obersten Teile werden geköpft, die Stängel geschält, und aus dem Innern der Stängel wird etwas Mark gewonnen. Die beiden Sizilianer bieten dem Dichter etwas von diesem Mark an, Goethe kostet, nein, diese *Dolci* sind nichts für ihn, er hält sich an Wein und Brot und reitet bald weiter. Erneut ungeheure Distelmassen, notiert er, stark gelangweilt, doch dann ein Lichtblick in einem kleinen Flüsschen: Quarzgestein! Wenig später wird es dann noch interessanter, und Goethe notiert einen »kaffeebraun-violettlichen« Boden. (Der Boden – zumindest farblich – als typische *Dolci*-Erscheinung –, leider entging dem Dichter die Parallele, er war in solchen Momenten ausschließlich geologisch und botanisch orientiert.)

In den fünfziger Jahren des zwanzigsten Jahrhunderts protokolliert der Schriftsteller Danilo Dolci, der sich für das Leben der einfachen Sizilianer interessiert, viele Gespräche, die er mit Einzelnen von ihnen immer wieder geführt hat. Unter anderem erzählt ihm ein gewisser Rosario, dass er häufig frühmorgens (gegen drei oder vier Uhr) aufstehe und dann kilometerweit über die nahen Felder gehe, um Grünzeug zu ernten. Raps oder wilder Fenchel, Rüben, Borretsch, Zichorie, Disteln – man steckt alles eilig in Säcke und verkauft es schließlich in kleinen Bündeln. Will man dazu noch Schnecken finden, muss man früher aufstehen, weil sie bei Sonnenaufgang nämlich längst fort sind, erzählt Rosario. Man findet die Schnecken auf unbebauten und nicht bearbeiteten Flächen, nahe dem Wasser, sie sitzen an der Unterseite von Steinen. Um sie zu finden, muss man die Steine umdrehen, oft kleben die Schnecken daran, dicht gedrängt wie zu einer

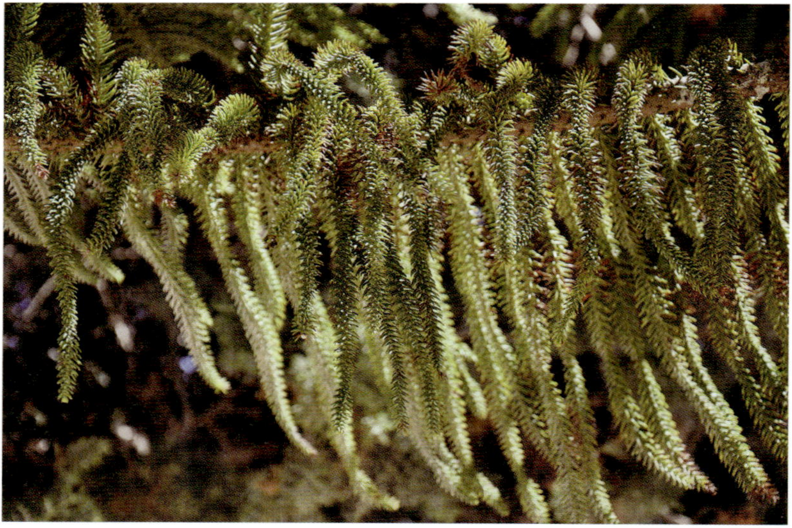

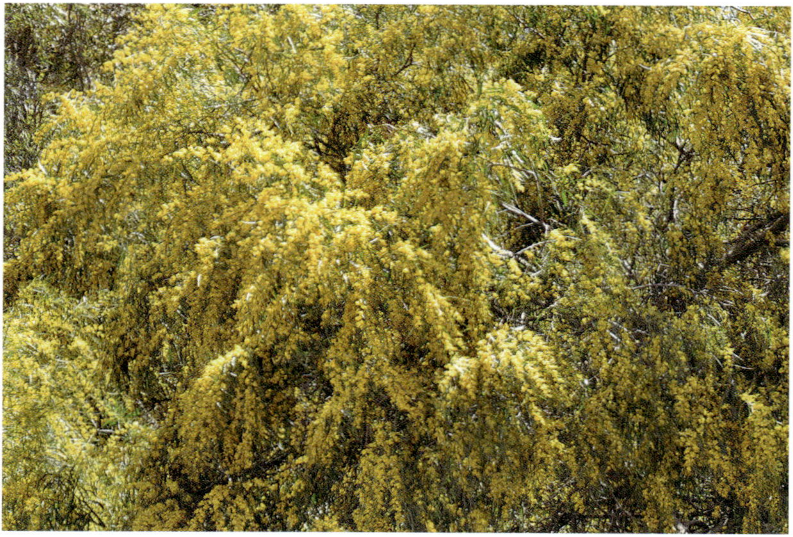

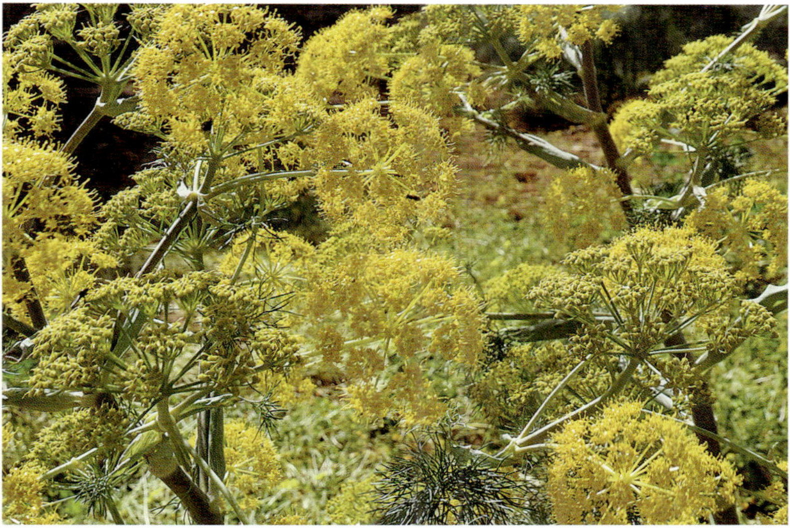

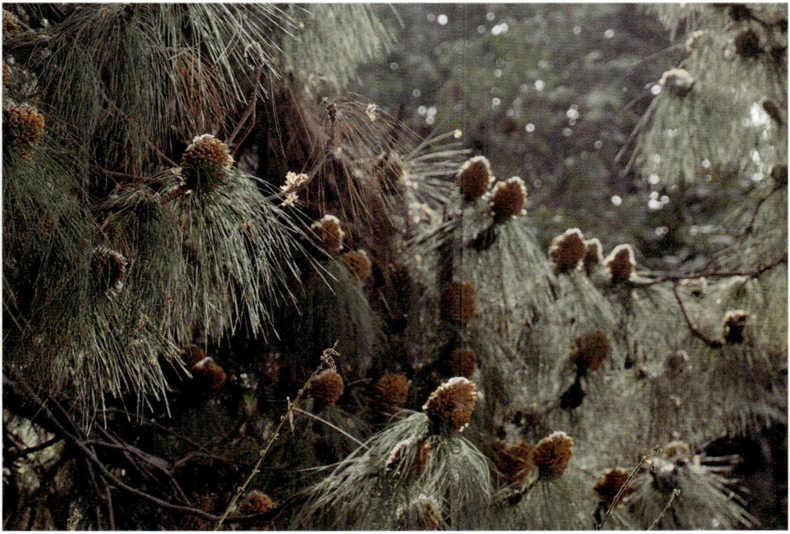

schweren Traube. Die Augen, sagt Rosario, müssen sehr scharf und flink sein. Wenn man eine Schnecke gefunden hat, müssen die Augen schon nach der nächsten suchen. Grünzeug, Schnecken und Frösche zu suchen, sei eine Kopfarbeit, sagt Rosario, und diese Kopfarbeit der Männer, die man »Grünzeugsammler« nenne, sei eine schwerere Arbeit als die auf jeder festen Stelle.

Grünzeugsammler wie Rosario und erfindungsreiche Sizilianer, die Disteln köpfen und ihr Mark verzehren, sind frühe *Dolci*-Experten. In den oft unbebauten und unbewohnten und nicht selten sogar kahlen und trockenen Ebenen Siziliens suchen sie manisch nach den unauffälligen letzten Leckerbissen, nach Grünem, Mark, Frucht und feinen Essenzen, wie man sie zum Beispiel Schnecken und Fröschen abgewinnen könnte. »Dolci« sind in diesem erweiterten Sinne nicht nur süße Desserts, vielmehr handelt es sich um Grund- und Ursubstanzen der sizilianischen Küche, um herbe oder süße Würzstoffe, Bindemittel und Ingredienzen, die Mahlzeiten verfeinern, bereichern und ihre Schwere mindern.

Der Dichter Theokrit wird um 310 v. Chr. in Syrakus geboren. In seinen Dichtungen behandelt er immer wieder das Landleben, das Leben der Hirten und einfachen Bauern. Aber auch Tiere und Pflanzen spielen in diesen Versen eine bedeutende Rolle. In einer wunderbar ins Detail gehenden Studie hat Kurt Lembach sich ausschließlich mit den Pflanzen beschäftigt, die bei Theokrit vorkommen. Dabei unterscheidet er Lagerpflanzen, Futterpflanzen und Pflanzen, die beim Vollzug magischer Handlungen eingesetzt werden (wie etwa Lorbeer,

Nesseln oder Meerzwiebeln). Daneben erscheinen Sumpf-, Ufer- und Wasserpflanzen, Bäume und Sträucher in Wald und Hain, Blumen, Gewürze und Gemüse, und natürlich Obstbäume und Früchte. Besonders hervorgehoben werden bei Theokrit Äpfel und Birnen (mit verschiedenen Sorten), Pflaumen, Feigen und Nüsse. (Seine griechische Pflanzenkunde kennt Orangen und Zitronen natürlich noch nicht, sie wurden erst im Mittelalter durch die Araber auf Sizilien eingeführt und verbreitet.)

Der heutige Leser könnte den in Sizilien geborenen (und später in Griechenland lebenden) Dichter Theokrit als einen »poetischen Grünzeugsammler« verstehen. Auch das Auge dieses poetischen Sammlers ist wach und flink, rasch mustert und studiert er das ländliche und nur scheinbar eintönige Gelände. Bei seinem genaueren Hinsehen entgeht ihm nichts, und so malt er lauter konkrete und gut beobachtete Bilder vom Zusammenspiel von Natur und Menschenleben. (Die Birnen fallen vom Baum und rollen zu den auf dem Boden lagernden Hirten; die Pflaumen sind so schwer, dass sie die Zweige, an denen sie hängen, fast bis zu Boden drücken.) Theokrits Dichtungen entdecken so mit als erste die Bilder eines mythisch-ländlichen Sizilien. Es sind Naturbilder der vielfältigsten Atmosphären (kräftige Baumwipfel in leisem Wind, rauschende Wasser, Zikaden, Vogelgezwitscher, der Fruchtduft des Obstes), die in ihrem Zusammenspiel so etwas wie die Grundlage einer »Kultur der *Dolci*« sind.

Aber es regten sich da Schwarzpappeln und
Ulmen in großer
Zahl zu Häupten über uns, in der Nähe ergoß sich

Aus der Höhle der Nymphen und rauschte
heiliges Wasser.
Von der Sonne verbrannte Zikaden in schattigen Zweigen
Gaben mit ihrem Geplauder sich Mühe. Der Lockruf
der Frösche
Ließ von ferne sein Quaken in Brombeerblättern
vernehmen.
Hänflinge sangen ihr Lied und Lerchen, es seufzte
die Taube.
Um die Quellen flogen herum die gelblichen Bienen.
Stark nach üppigem Herbst, nach Fruchtzeit
duftete alles.
Birnen zu unseren Füßen und Äpfel zu unseren Seiten
Rollten reichlich umher, und bis zur Erde hernieder
Bogen sich unter der drückenden Last der Pflaumen
die Äste.

(Theokrit: *Die echten Gedichte.* Deutsch von Emil Staiger. Zürich und Stuttgart
1970, S. 66/67)

Römische Dolci – Die Villa Romana del Casale bei Piazza Armerina

Von der Autobahn Richtung Enna fahre ich dann ab und mache einen kleinen Umweg übers Land, um die *Villa Romana del Casale* bei Piazza Armerina zu besuchen. Sie liegt in einer schönen, grünen Talgegend außerhalb des Ortes, und sie läge noch schöner, wenn der Besucher vor dem Eingang in das Villengelände nicht an all den vielen Andenken-Ständen mit Bergen von Nippes vorbei müsste. Die in der Spätantike erbaute Villa hat einen legendären Ruf, sie gehört zu den größten römischen Villenanlagen Italiens überhaupt, was dem Umstand zu verdanken ist, dass die Bauten lange Zeit von den Berg- und Schlammmassen der umgebenden Hügel bedeckt waren. So erhielten sich die bunten, schillernden Bodenmosaiken unter diesen Erdschichten gut, bevor sie seit den fünfziger Jahren des letzten Jahrhunderts Stück für Stück ausgegraben wurden.

Im September 1977 besucht der Schriftsteller Ernst Jünger die *Villa Romana*. Er folgt dem Rundgang, der einem Besucher die unterschiedlichen Wohnpartien sukzessive erschließt, und er erhält dabei schnell den Eindruck, es handle sich um ein imponierendes Jagd- und Lustschloss eines früher einmal mächtigen Herrn und Besitzers. Ein Lustschloss?! Wieso ein Lustschloss? Die Wohnräume der Villa deuten im Verständnis Ernst Jüngers auf ein nicht nur ländlich-bukolisches, sondern auf ein vor allem üppiges Leben. Dieses Leben in Fülle und Ausgelassenheit illustrieren die großen Mosaiken auf den Bodenpartien der verschiedenen Räume. Da ziehen die römischen Bewohner zu aufwendigen Fischzügen aufs Meer, da brechen sie nach Afrika zu großen Jagden auf, um von dort Elefanten oder Nashörner mit nach Italien zu bringen, und da vergnügt sich der Hausherr in seinem Schlafraum anscheinend mit einer Hetäre oder einer Sklavin. Ernst Jünger untersucht auch genau, wie die Heizungsanlagen der Villa funktionierten – sehr angenehm muss es gewesen sein, in diesen gut temperierten Räumen zu tafeln, schreibt er, ja, gerade diese Assoziation stellt sich sofort ein: All die luxuriösen und festlichen Mahlzeiten, Gastmähler, Essgelage, die hier stattgefunden haben müssen! Auf den Mosaiken ist gut zu erkennen, wie die Fische gefangen und in Körben abtransportiert wurden oder wie in den nahen Wäldern Vögel geschossen oder Wildschweine gejagt und dann ebenfalls in diese weiten, hellen und freundlichen Lustsäle gebracht wurden. Inseln des Wohlergehens in unruhigen Zeiten – so beschreibt Jünger diese Säle und verharrt lange in ihnen, um dieses Wohlergehen in den Details zu imaginieren.

Nur wenige Jahre später ist auch der Schweizer Schriftsteller Gerold Späth in der *Villa Romana* unterwegs. Noch stärker als Jünger lässt er sich während des Rundgangs von den einzelnen Räumen und den Mosaikszenen verführen. Szene reiht sich an Szene – über dreißig Säle, Wandelgänge, Kult-, Bade- und Schlafräume voller Bilder, auf denen gejagt, gefischt, getanzt und geopfert wird! Wer in all diese Szenen eintaucht (und Späth tut es intensiv), glaubt sich schließlich in einen bunten Film versetzt, der das frühere Leben sehr nahe an den modernen Betrachter heranrückt. Es wird geerntet, gegessen, gespielt – schreibt Späth fasziniert und formuliert dann sein Fazit: Diese Villa offenbare, dass hier »recht eigentlich gelebt« worden sei – und das ohne jeden Zweifel vor allem: »üppig«.

Da fällt es wieder, das Wort, das sich Ernst Jünger wie Gerold Späth anscheinend mit besonderer Macht aufdrängt: »üppiges« Leben sei anhand der *Villa Romana* nicht nur zu studieren oder zu beobachten, nein, »üppiges« Leben ziehe den modernen Beobachter so in seinen Bann, dass er das Gefühl habe, selbst an einem solchen Leben teilzuhaben. Der altrömische Film mit all seinen Jagd-, Fisch- und vor allem Essszenen entfaltet seine Magie, und wenn die modernen Betrachter die Augen schließen würden, könnten sie diesen Film vielleicht sogar weiterträumen, Bild für Bild und Szene für Szene!

Die Vermutung liegt nahe, dass sowohl Ernst Jünger wie Gerold Späth sich insgeheim an einen wirklichen Film erinnern, der wenige Jahre vor ihren Rundgängen in Italien gedreht wurde und viel Aufsehen erregt hat. Es handelt sich um den Film *Satyricon* des italienischen Filmregisseurs Federico Fellini, dessen Drehbuch auf einem altrömischen satirischen Roman, dem Roman *Satyricon* des Dichters Titus Petronius Arbiter (aus dem ersten Jahrhundert nach Christus), beruht. Fellini hatte sich bei der Verfilmung dieses Romans vor allem auf jene Passagen konzentriert, die in der Villa des römischen Neureichen Trimalchio spielen und die als *Gastmahl des Trimalchio* besonderen Ruhm erlangt haben.

Außerordentlich »üppig«, ja vollkommen enthemmt und geradezu »abgedreht« (würde man heutzutage sagen) geht es während dieses Gastmahles zu, denn der neureiche und tölpelhafte Trimalchio legt es um jeden Preis darauf an, seine Gäste durch ausgefallenen Luxus bei der Zubereitung der Speisen und der Anlage der Speisenfolge zu überraschen. Da gibt es nicht nur syrische Pflaumen mit Granatapfelkernen, sondern auch Haselmäuse, mit Honig und Mohn eingerieben. Es werden in Mehl und Fett ausgebackene Pfaueneier serviert und Platten mit gebratenen oder gegrillten Masthühnern, Saueutern sowie Berge von Fischen, mit süßen Saucen überzogen. Ein ganzes Wildschwein wird vor den Augen der Gäste tranchiert, und wenig später wird ein Schwein geschlachtet, kurz darauf aber noch ein ganzes gekochtes

Kalb serviert – und schließlich das besonders üppig ausgefallene Dessert gereicht: Kuchen, Früchte und Trauben, Quitten (die wie Seeigel aussehen), Honig und Nüsse, Safranwasser und immer wieder alter Wein.

Nur kurz vor der Niederschrift dieses spätrömischen Essgelages war ein römischer Autor und Schriftsteller mit Namen Apicius gestorben, dessen umfangreichem und detailliertem Buch über die Kochkunst (*De re coquinaria*) wir heute unsere Kenntnisse von den Besonderheiten der römischen Küche dieser Spätzeit verdanken. Die Küche des Apicius wird daher – so ist mit guten Gründen zu vermuten – genau jene Küche gewesen sein, die auch die Gäste in der sizilianischen *Villa Romana* begeisterte. Wenn wir *De re coquinaria* lesen, glauben wir die Szenen und vor allem die Speisen des *Gastmahls des Trimalchio* vor uns zu sehen, diesmal allerdings ohne satirische Note, reduziert auf das raffinierte kulinarische Basiswissen, das genau dieses Kochbuch im Alten Rom zu einem grandiosen Erfolg machte.

Dabei fällt auf, dass eigentlich die gesamte römische Kochkunst wesentlich von süßen Zutaten (wie vor allem Saucen und Würzmitteln) lebte. Römische Küche im Stil des Apicius war – als eine Küche für die vermögenden und kulinarisch erfahrenen Römer der bereits am späten Nachmittag in allen größeren Städten beginnenden Gastmähler – vor allem eine *Dolci*-Küche im umfassendsten Sinn. Kaum ein Gericht kam ohne die Zutat von Honig, süßem Wein und (an erster Stelle) einer bestimmten Art von Traubensirup aus, für dessen Herstellung man frischen Most so lange einkochte, bis er besonders süß und zähflüssig war. (Die Bezeichnungen für die unterschiedlichen Gradi des Sirups sind *Defritum*, *Caroenum* und *Sapa*). Sehr beliebt war auch das sogenannte *Passum*, ein ebenfalls sehr süßer Sirup aus dem Most von ausgepressten Trockenbeerenauslesen. Vor dem Essen wiederum wurde meist *Mulsum* getrunken, ein Honigweingetränk, das oft aus altem Wein und abgekochtem Honig hergestellt wurde.

Das Kochbuch des Apicius besteht aus zehn Büchern, die jeweils ein besonderes Kapitel der Kochkunst (Gehacktes, Zutaten aus dem Garten, Hülsenfrüchte, Geflügel, Fische etc.) behandeln. Als ein anderer Autor mit Namen Vinidarius später eine Kurzfassung der vielen Rezepte erstellte und sich für den Hausgebrauch zunächst einmal auf die Liste all dessen konzentrierte, was in einem guten Haushalt unbedingt vorhanden sein müsse, begann er nicht zufällig mit den Gewürzen und damit mit jenen *Dolci*-Essenzen, die der römischen Küche des Apicius ihren besonderen Gout verliehen. Safran, Ingwer, Gewürznelken werden genannt, darauf die Samen von Mohn, Fenchel, Dill, Kümmel, Anis oder auch Sesam, von den Flüssigkeiten die bereits genannten, stark süßen Formen von Sirup, von den Nüssen Walnüsse, Pinienkerne, Haselnüsse und natürlich Mandeln, dann getrocknetes Obst (Pflaumen, Datteln, Rosinen, Granatäpfel).

All diese Zutaten dienten auch dazu, bestimmte Sorten von Gemüse, Fleisch oder Fisch über längere Zeit in gut geschlossenen Töpfen zu konservieren. So beginnt das Kochbuch nicht zufällig mit Ratschlägen an den sparsamen Wirtschafter darüber, wie sich all die kostbaren und mit viel Überlegung hergestellten Speisen oder Zutaten – Honigplätzchen, Granatäpfel, Quitten, Feigen, Äpfel, Pflaumen, Birnen, Kirschen etc. – lange aufheben lassen: »Wie sich Rüben lange aufbewahren lassen: 1. Schütte über die vorher sorgfältig gereinigten und zurechtgelegten Rüben Myrtenbeeren mit Honig und Essig. 2. Auf andere Art: Schmecke Senf mit Honig, Essig und Salz ab und gieße ihn über die zurechtgelegten Rüben.« (Marcus Gavius Apicius: *De re coquinaria/ Über die Kochkunst*. Lateinisch/Deutsch. Hrsg., übersetzt und kommentiert von Robert Maier. Stuttgart 1991, S. 17)

Solche Lektüren könnten die Schaulust von Schriftstellern wie Ernst Jünger oder Gerold Späth, die in der *Villa Romana* ein starkes, leuchtendes Objekt gefunden hatte, auf ideale Weise ergänzen. Sie bereichern den Blick nämlich um Geruch und Geschmack der Speisen, die man in römischer Zeit in der Villa aufgetischt haben wird. Beim Blick auf all die gefüllten Fruchtkörbe, auf die erlegten Tiere und die Karaffen und Gläser mit Wein ahnt man, dass die *Villa Romana* eine der großen *Dolci*-Zentralen des Altertums gewesen sein muss. Und so riechen und schmecken wir beinahe schon direkt auf der Zunge beim Rundgang durch dieses Gelände die warmen, süßen und konzentrierten Aromen: »Siede gehackte rote Bete und abgehangene Lauchstangen, lege sie in eine Pfanne, stoße Pfeffer und Kümmel, gieße Liquamen dazu und Passum, damit eine gewisse Süße entstehe. Laß es aufkochen. Wenn es aufgekocht ist, trage auf.« (Marcus Gavius Apicius: *De re coquinaria/ Über die Kochkunst,* a. a. O., S. 33)

Die Biscotti von Enna

Das kleine Städtchen Enna, das auch »der Nabel Siziliens« genannt wird, liegt auf hohen Felsmassiven fast eintausend Meter über dem Meer. Beinahe alle Fremden, die es hierher verschlagen hat, halten fest, dass die Aussicht von diesen Felsmassiven bei gutem Wetter grandios sei und oft bis zu hundert Kilometer weit reiche. Andererseits schreiben viele dieser Fremden aber auch, dass es gerade an den Tagen, an denen sie sich in Enna aufgehalten hätten, *keine* gute Aussicht gegeben habe. Es sei neblig, nasskalt, dunstig gewesen, der Aufenthalt in Enna habe keine rechte Freude gemacht. Im April 1787 ist der Dichter Johann Wolfgang von Goethe bei Regen auf dem Weg hinauf nach Enna (das damals noch Castro Giovanni heißt). Der Berg eindeutig aus Muschelkalk, unterhalb der Stadt Bohnen in voller Blüte!, notiert Goethe, um sich vom Regen abzulenken. Oben angekommen, wird es ihm dann aber zu viel: Sprühregen, eine klägliche Nacht in einem Estrichzimmer ohne Fenster! Am nächsten Tag geht es rasch wieder bergab, und die Wege sind so schlecht, dass man die Pferde führen muss. Alles tief herab mit Wolken bedeckt, empört sich Goethe, nie wieder Enna!

Und dieses Enna (mit seinen schmalen, dunklen, gewundenen Gassen) soll ein weiteres Zentrum der sizilianischen *Dolci*-Produktion sein? Enna liegt einsam, der Ort gibt sich streng, karg, weltabgewandt. Und entsprechend streng, karg und minimalistisch sind seine *Dolci*. Keine rauschenden Farben, keine gewagten Füllungen, die bei nasskaltem Wetter nicht zur Geltung kommen würden. In Enna setzt man auf Trockenheit, Festigkeit, Einfachheit. Seine *Dolci* sind wie Bergsteiger-Nahrung, die man in Taschen und Rucksäcken immer parat hat. Bei nasskaltem Wetter, tausend Meter über dem Meer, schmecken sie jedoch wie ein köstliches Manna, das einem der Himmel nach einer langen Hungerperiode gnädig zugespielt hat.

Die für diese Region typischen erhält man denn auch nicht in einer für diese Stadt untypischen Pasticceria (wo jene *Dolci* imitiert werden, die man auch sonst in Sizilien überall bekommt), sondern in einer *Biscottificio* wie etwa der gleich neben dem Dom (mit dem schönen Namen *Sapori di Sicilia – Via Roma 446/448*). Eine *Biscottificio* ist eine *Pasticceria secca*, in der es vor allem Biskuits, trockenes Gebäck, haltbares, süßes Brot und eventuell noch einige delikate Konfitüren oder Marmeladen gibt, mit denen man die Trockenheit dieser *Dolci* nach eigenem Geschmack durch Hinzufügung von kleinen Geschmacksträgern verfeinern kann. Besonders gut gelingt das mit Hilfe von *Tricotti*, lang gestreckten, brotähnlich aussehenden, sehr einfachen Keksen, die aus nichts anderem als Mehl, Sauerteig, Schmalz, Zucker, Salz und Butter bestehen. Der Teig wird in etwa 15–20 cm lange Portionen geteilt und geht dann an einem nicht zu kühlen Ort enorm auf. Im Ofen müssen die Kekse zunächst bei hoher, dann bei gemäßigter Temperatur etwa eine halbe Stunde backen. Ist man mit solchen gut haltbaren *Tricotti* unterwegs, kann man sie jederzeit mit dem Messer in der ganzen Länge durchtrennen und die beiden Hälften dann mit Konfitüre oder Marmelade bestreichen, die man in kleinen Portionen oder Gläsern ebenfalls jederzeit zur Hand haben sollte.

Konfitüren und Marmeladen bester und hausgemachter Qualität findet man auf Sizilien fast überall, in Lebensmittelläden, in Pasticcerien, in Bäckereien, aber auch in einfachen Bars, in der Nähe der Kasse. Sie sind so etwas wie ein Grundnahrungsmittel, das den großen Vorteil hat, je nach Belieben – zusammen mit einfacheren Substanzen (wie etwa den *Tricotti*) – eingesetzt werden zu können. Die *Biscottificio Sapori di Sicilia* in Enna bietet zum Beispiel Melonen-Konfitüren, Feigen-, Kastanien-, Erdbeer- oder Pfirsich-Marmeladen ebenso an wie Kaktusfeigenmus oder feines Brombeer-, Aprikosen- oder Orangengelee. Versorgt man sich mit diesen Delikatessen, kann man sich jeweils vor Ort eine eigene *Dolci*-Verpflegung zusammenstellen. Man braucht dazu nur etwas trockenes und gut haltbares Gebäck, das sich dann leicht mit den Konfitüren, Marmeladen und Gelees verbinden lässt.

Außer den *Tricotti* wären zum Beispiel auch *Taralli* geeignet, denn *Taralli* sind ebenfalls trockene, ungefüllte oder nicht weiter bearbeitete Kekskringel, deren Teig höchstens mit etwas Zitrone und Anissamen verfeinert wurde. Die nächste Stufe wären dann *Quasiremali*, trockene, nur wenige Zentimeter lange Biskuits mit ganzen Mandeln, die man in eine Konfitüre oder Marmelade taucht, um sie mit einer dünnen süßen Schicht zu überziehen. Und schließlich wären dann noch die einfachen *Biscotti* zu nennen, die nur aus Mehl, Backpulver, Butter, Zucker und Eigelb bestehen. Man schneidet den Teig zu zentimeterdicken, kleinen Scheiben und backt sie in kaum weniger als 15 Minuten bei kaum mehr als 180 Grad. Solche *Biscotti* lassen sich später mit allen nur erdenklichen Zutaten (Konfitüren, Marmeladen, Orangeat- oder Zitronat-Stücken) verfeinern und anreichern. So wird der *Dolci*-Esser zu seinem eigenen Kompositeur und Arrangeur, der sich seine *Dolci* aus vorhandenen Grundsubstanzen

(trockenes, einfaches Gebäck/ konzentrierte Fruchtzutaten) im eigenen *Dolci-Laboratorio* in ganz unterschiedlichen Geschmacksvalenzen selbst zusammenstellt.

Im Juni 1804 ist der Architekt Karl Friedrich Schinkel ebenfalls in Enna unterwegs. Er hat zusammen mit mehreren Gefährten eine schlimme Nacht in einem unbequemen und verwanzten Bett verbracht und macht sich am nächsten Morgen sofort auf die Abreise. Wenn es nur nicht so heiß wäre! Die Pferde müssen die steilen Wege hinabgeführt werden, und unten im Tal trifft man auf Sandebenen, die afrikanischen Wüsten ähneln. Kein einziges grünes Gräschen, kein Tropfen Wasser! Und hier, in diesen Gegenden, hat man in den ältesten Zeiten die Göttin Ceres verehrt und gefeiert! Ceres, die Göttin des Ackerbaus und der Fruchtbarkeit! Hätte man nicht ein paar Orangen dabeigehabt, man wäre – und Schinkel setzt bewusst einen scharfen Akzent: man wäre »verschmachtet«.

Schinkels Orangen erinnern daran, wie man auf Sizilien unterwegs sein sollte: immer ausreichend mit einigen *Dolci* versorgt. Ich selbst führe in meinem Leihwagen nun eine Blechdose der Firma *Daidone* sowie allerhand Trockengebäck und mehrere Gläser Konfitüre und Marmelade aus Enna mit mir. Nein, ich habe in Enna nicht übernachtet, obwohl es längst dunkelt. Wie Schinkel oder Goethe will ich rasch weiter, am besten gleich nach Palermo. Und so fahre ich in der Nacht auf die nördliche Küste der Insel zu und nähere mich langsam der großen Hafenstadt, in der in früheren Jahrhunderten die meisten Sizilien-Besucher, oft mit dem Schiff aus Neapel her kommend, an Land gegangen sind.

Ankunft in Palermo

Ich sollte eigentlich auch mit dem Schiff landen – und nicht mit einem Leihwagen an der dunklen Küste entlang auf Palermo zufahren! Ich sollte diese Stadt zunächst dort wahrnehmen, wo sie sich weit, frei und damit am schönsten präsentiert: Vom Meer aus! Da mir das aber versagt ist, fahre ich mit dem Wagen in die Nähe des Hafens und hüte mich, gleich nach meiner Ankunft in der Hafengegend spazieren zu gehen. Den Anblick von Hafen und Meer hebe ich mir für den nächsten Tag auf und beziehe in Hafennähe ein kleines Zimmer, nur für eine Nacht.

Wenig später schickt mich die Besitzerin der Pension für einen späten Abendimbiss zur *Antica Focacceria di San Francesco* (*Via Alessandro Paternostro, 58*). Bereits 1834 gegründet, ist dieses beliebte Lokal, eine Mischung aus offenem Imbiss (mit Selbstbedienung im Erdgeschoss) und Restaurant (oben im ersten Stock mit sehr freundlicher, stets präsenter Bedienung), zur Nachtstunde genau das Richtige für mich. Im Erdgeschoss umlauern die in Scharen eintreffenden Gäste vor allem den weiß gekleideten Koch, der an einem offenen Herd steht und langsam in einem großen, aber nicht hohen, sondern eher flachen, wokähnlichen Topf rührt. In diesem Topf befinden sich sehr dünn geschnittene Scheiben der Milz und der Lunge vom Kalb, mit Zitrone verfeinert. Zusammen mit einer kleinen Portion Zwiebeln und etwas Ricotta werden sie in ein rundes, aufgeschnittenes Brötchen (*il panino di milza*) gepackt und als palermitanischer Hamburger auf die Hand serviert.

Der Imbissraum der *Antica Focacceria* im Erdgeschoss ist ein hoher Jugendstilraum, auf den man von den Tischen und Sitzplätzen im ersten Stock wie von Plätzen im ersten Rang eines Theaters hinabschaut. Dort oben gibt es die *primi e secondi piatti* und sehr guten sizilianischen Weißwein, während man unten, im Erdgeschoss, typisches palermitanisches *Street food* (so dezidiert auch die Bezeichnung auf der Speisekarte) isst. *Street food* – das sind *sfincione,* eine Art Pizza mit dickem, gewölbtem Teig, mit frischen Tomaten, Wurst oder Käse belegt, oder *Panelle di ceci,* kleine, halbmondförmige, frisch frittierte Küchlein aus Kichererbsenmehl, manchmal auch mit einer süßen Creme gefüllt, oder ebenfalls frisch frittierte Kroketten (*crocchè).* Ich probiere kleine Portionen, denn ich weiß ja: Die zweite Mahlzeit, die Mahlzeit der *Dolci,* steht noch bevor. Und welche *Dolci* könnte ich wählen? Zum Beispiel *Gelo di Mellone* mit Pistazien und Schokoladenstücken (dieses Gelee wird aus Wassermelone mit einem Jasminblütenaufguss zubereitet) oder eine *Mousse* von Pistaziencreme mit Kaktusfeigen oder ein Schokoladen-*Parfait,* das zunächst aus einer Masse von mehreren Tassen starkem Espresso, reichlich Sahne, geschlagenem Eiweiß und Zucker besteht, die dann mit dunkler Schokolade überzogen wird.

Nach diesem geradezu idealen, vielfältigen Nachtmahl sitze ich noch eine Weile draußen, auf dem schönen Platz vor der *Antica Focacceria* und der Kirche *San Francesco.* Im September 1829 ist der schwäbische Dichter Wilhelm Waiblinger im Alter von kaum fünfundzwanzig Jahren auf Sizilien unterwegs. Emphatisch, entrückt, schwungvoll und wie außer sich schreibt er an die geliebten, teuren Eltern, Palermo sei unstreitig das Lachendste der ganzen Insel. Eine unermessliche

Fruchtbarkeit! Pomeranzenwälder, ganze Berge voll mit den goldenen Früchten der Kaktusfeige, alles ein einziger Wonnerausch!

Waiblinger ist der große Enthusiast unter den Reiseschriftstellern. Er übertreibt meist, aber das macht nichts, denn gerade wegen dieser Übertreibungen liest man ihn lieber als all die stumpfen und staubtrockenen Notierer und Kompilierer, die immer auf denselben Wegen unterwegs sind. Nach seiner Rundreise durch Sizilien berichtet er, er habe *alles* gesehen, alles bestiegen und sogar das Innerste der Insel durchstreift, wohin sich wegen gefährlicher Banditen und Räuber niemand wage (wir ahnen, es handelt sich um keinen anderen Ort als Enna, wo Waiblinger als einer der wenigen Reisenden mehrere Tage bleibt: fast von Sinnen sei er bei den abendlichen Sonnenuntergängen gewesen, schreibt er dauererregt und hochdramatisch). Natürlich habe er auch den Ätna, auf dessen Höhen einen der lindeste Wind zu Boden werfe, bezwungen. Zehn Stunden sei er emporgestiegen und habe direkt unterhalb des Kraters kampiert, kein Mensch in *ganz Europa* habe in dieser Nacht so hoch geschlafen wie er. Am nächsten Morgen habe er, direkt am Krater, begriffen, wie Gott einst die Welt geschaffen habe. In Todesangst habe er unter Dampf und Feuer und Donner direkt hinab in die Kraterhölle geschaut. (Solche Feuer- und Dauerdampfprosa schreibt niemand außer Waiblinger, darin ist er ein absolut rares Genie.)

Goethe entdeckt den Garten der Dolci

Anfang April 1787 trifft der Dichter Johann Wolfgang von Goethe zusammen mit dem Zeichner Christoph Heinrich Kniep am frühen Nachmittag mit dem Schiff von Neapel aus in Palermo ein. Während der Fahrt (zum ersten Mal in seinem Leben ist er für mehrere Tage auf dem offenen Meer) ist er schwer seekrank geworden (Kniep wird später berichten, Goethe habe von seinem Lager aus die Schritte und Bewegungen oben auf Deck für Schritte seiner Großmutter gehalten). Bei der Anfahrt auf Palermo zu ist er jedoch leidlich wiederhergestellt, sodass er die sich langsam nähernden Konturen des Festlandes bewundern kann. (Es muss eine Art Offenbarung gewesen sein: Das plötzlich auftauchende Land, das sich wie ein schönes Bild oder eine duftige Zeichnung aus der Weite des Meeres heraus erhebt.)

Goethe notiert: größtes Vergnügen!, im Grunde möchte er das Schiff überhaupt nicht verlassen, aus Furcht, die Schönheit des Festlandbildes preiszugeben. Also, rasch der Versuch, zumindest einige Details festzuhalten: »Die Stadt gegen Norden gekehrt, am Fuß hoher Berge liegend; über ihr, der Tageszeit gemäß, die Sonne herüberscheinend. Die klaren Schattenseiten aller Gebäude sahen uns an, vom Wiederschein erleuchtet. Monte Pelegrino rechts, seine zierlichen Formen im vollkommensten Lichte, links das weit hingestreckte Ufer mit Buchten, Landzungen und Vorgebirgen. Was ferner eine allerliebste Wirkung hervorbrachte, war das junge Grün zierlicher Bäume, deren Gipfel, von hinten erleuchtet, wie große Massen vegetabilischer Johanniswürmer vor den dunklen Gebäuden hin und wieder wogten. Ein kla-

rer Duft blaute alle Schatten.« (Johann Wolfgang Goethe: *Italienische*
Reise. In Zusammenarbeit mit Christof Thoenes hrsg. von Andreas Beyer und
Norbert Miller. München Wien 1992, S. 283)

Goethe beobachtet als ein Zeichner und Maler: Die Farben
und die Wirkungen von Licht und Schatten beschäftigen ihn,
und auch er spricht sofort von dem charakteristischen, typischen »Duft«, von dem so viele Sizilien-Reisende immer wieder erzählen. Dieser »klare Duft« ist ein Garten-Duft, ein
Duft, der von den Bäumen, Sträuchern, Kräutern und ihren
Blüten ausgeht. Seine atmosphärische Wirkung ist eine leichte Tönung der Schatten, die nicht schwarz und dunkel, sondern bläulich, wie dunklere Variationen des Meeresblaus erscheinen.

Die Duft- und *Dolci*-Insel Sizilien offenbart sich Goethe also
als ein einziger großer Garten. Aber wenig später kommt es
noch besser, denn wenig später ist Goethe im Hafengelände
unterwegs und stößt dort auf ein reales, großes, der Öffent-
lichkeit gerade für die Besichtigung zugänglich gemachtes
Gartengelände (die Vorform des heutigen großen Botanischen Gartens von Palermo), das ihn so fasziniert wie keines
bisher in seinem Leben. Wieder höchstes Vergnügen!, und
Goethe notiert: »In dem öffentlichen Garten, unmittelbar an
der Reede, brachte ich im Stillen die vergnügtesten Stunden
zu. Es ist der wunderbarste Ort von der Welt. Regelmäßig
angelegt, scheint er uns doch feenhaft; vor nicht gar langer
Zeit gepflanzt, versetzt er ins Altertum. Grüne Beeteinfas-
sungen umschließen fremde Gewächse, Zitronenspaliere
wölben sich zum niedlichen Laubengange, hohe Wände des
Oleanders, geschmückt von tausend roten nelkenhaften Blü-

ten, locken das Auge. Ganz fremde mir unbekannte Bäume, noch ohne Laub, wahrscheinlich aus wärmeren Gegenden, verbreiten seltsame Zweige ... An den Pflanzen erscheint durchaus ein Grün das wir nicht gewohnt sind, bald gelblicher, bald blaulicher als bei uns. Was aber dem Ganzen die wundersamste Anmut verlieh, war ein starker Duft der sich über alles gleichförmig verbreitete, mit so merklicher Wirkung, daß die Gegenstände, auch nur einige Schritte hinter einander entfernt, sich entschiedener hellblau voneinander absetzten, so daß ihre eigentümliche Farbe zuletzt verloren ging, oder wenigstens sehr überbläut sich dem Auge darstellten.« (Johann Wolfgang Goethe: *Italienische Reise*, a. a. O., S. 299)

Der wunderbarste Ort von der Welt erscheint nicht ganz und gar irdisch, er hat etwas Feenhaftes, Mythisches, Entrücktes. Und dieses Feenhafte, Entrückte führt Goethe direkt ins Altertum. Aber wieso? Welche Spur führt dorthin, und meint Goethe mit Altertum wirklich die Antike – und wenn ja, welche? Das alte Griechenland? Das alte Rom? Unruhig und verzaubert bewegt sich Goethe durch das Gartengelände, und plötzlich verbinden sich seine Eindrücke mit den frischen Fantasien, die von der mehrtägigen Seefahrt von Neapel nach Palermo her in ihm aufsteigen. Und er notiert, indem er bemerkt, dass er sich von dem Wundergarten nicht trennen mag: »Aber der Eindruck jenes Wundergartens war mir zu tief geblieben; die schwärzlichen Wellen am nördlichen Horizonte, ihr Anstreben an die Buchtkrümmungen, selbst der eigene Geruch des dünstenden Meeres, das alles rief mir die Insel der seligen Phäaken in die Sinne so wie ins Gedächtnis.« (Johann Wolfgang Goethe: *Italienische Reise*, a. a. O., S. 299/300)

Das also ist es, dieses Altertum meint er, er meint die *Odyssee* des Homer, in der der Dichter des Altertums seinen Helden Odysseus jahrelang über die offene See irren lässt, bevor er ganz am Ende all seiner Irrfahrten auf der Insel der Phäaken strandet. Goethes Gartenfantasie ist eine Homer-Fantasie, die aus dem Wunderland Sizilien ein großes Gartengelände ähnlich dem macht, wie es auf der Insel der Phäaken bei Homer erscheint. Diese Homer-Fantasie ist so intensiv und lodert nun derart auf, dass der Aufenthalt in Palermo ohne den Text des Homer nicht mehr vorzustellen ist. Und schon ist Goethe unterwegs, diesen Text zu beschaffen: »Ich eilte sogleich einen Homer zu kaufen, jenen Gesang mit großer Erbauung zu lesen und eine Übersetzung aus dem Stegreif Kniepen vorzutragen ...«

Worin besteht diese sofort in poetische Produktion umschlagende Fantasie aber genau? Es ist zu vermuten, dass Goethe sich mit dem auf den offenen Meeren herumtreibenden Odysseus vergleicht, denn auch er, Goethe, ist nun bereits jahrelang weit weg von der deutschen Heimat (Weimar) unterwegs. Die Seefahrt von Neapel nach Sizilien hat ihm diese homerische Figur näher gebracht (und zwar eben nicht nur ins Gedächtnis, sondern, viel stärker, in die Sinne gerufen!), sie hat ihn aber auch darauf gebracht, dass Sizilien als wunderbare Garten-Erscheinung mit jenem Garten zu vergleichen ist, der auf Homers Insel der Phäaken erscheint. Es handelt sich um den Garten des Phäaken-Königs Alkinoos, den Homer mit überraschender Genauigkeit und Detailfreude mitten in seinem Epos wie ein Bild glücklichen, gelungenen, zur Ruhe gekommenen Daseins erscheinen lässt.

Goethe hat diese kurze Passage (eine der ersten großen Darstellungen eines »Wundergartens« in der Weltliteratur überhaupt) nach seiner späteren Rückkehr nach Weimar (wo er sich viel mit Gärten und Gartenanlagen beschäftigte) immer wieder gelesen. Er behielt sie so stark in Erinnerung, dass er sich schließlich sogar an eine eigene Übersetzung in Hexametern wagte. Sie lautet:

An den Seiten des Hofes war ein geräumiger Garten,
Der vier Acker enthielt, von allen Seiten umzäunet.
Wohlgewachsen trugen daselbst die grünenden Bäume
Birnen, Granaten und Äpfel die Äste glänzten gebogen
Süße Feigen fanden sich da und Beeren des Ölbaums
Niemals mangelt es hier an Früchten. Im Sommer und
    Winter
Bringet Zephir die einen hervor und reifet die andern.
Apfel eilet nach Apfel dem süßen Alter entgegen,
Birn nach Birn und Feige nach Feige und Traube nach
    Trauben.
Denn es stehen Reben gepflanzt im sonnigen, weiten
Raum, es trocknet daselbst ein Teil der Trauben am
    Stocke,
Andere lieset man ab und keltert sie, andere nähern
Langsam der Reife sich noch und andre blühen der
    Zukunft.
Immergrünend wächst das Gemüs' auf zierlichen Beeten,
Wohlgeordnet zuletzt und schmücket das Ende des
    Gartens.
Auch zwei Quellen dringen hervor, es teilet die eine
Durch den Garten sich aus, es eilet die andre dem Haus
    zu,

Unter der Schwelle des Hofes hindurch und tränket die
  Bürger.
Solche Gaben der Götter ersah man im Hause des Königs.

(Johann Wolfgang Goethe: *Italienische Reise,* a.a.O., S. 1023)

Homers Beschreibung des Alkinoos-Gartens im Land der
Phäaken scheint von sizilianischen Atmosphären inspiriert
und von ihnen zu handeln. Denn in diesem Land gibt es das
ganze Jahr über – Winter wie Sommer – Früchte ohne Ende.
Und als wäre Homer mit solchen Verweisen ein Vorläufer des
aus Sizilien stammenden Dichters Theokrit, entsteht das alt-
griechische Garten-Modell als ein geschlossener, hochkulti-
vierter Raum, in dem Äpfel, Birnen, Granatäpfel, Feigen und
Trauben ein dauerndes Blüten- und Duftuniversum bilden,
das die griechische Vorstellung vom seligen Land der *Dolci*
ausmacht.

Homer also und die *Odyssee* – durch die Erinnerung an das
große, antike Epos und durch gleichsam odysseische Erleb-
nisse bringt der deutsche Dichter die Insel Sizilien mit einem
bestimmten Altertum in Verbindung! Und so entdeckt er
nach seiner ersten längeren Seefahrt die (homerisch wirken-
de) Insel Sizilien als ein *Dolci*-Land, als großes »bläulichtes«,
auf das Meer bezogenes und aus dem Meer geborenes Gar-
tenparadies.

Odysseus begegnet auf der Insel der Phäaken übrigens zunächst der Königstochter Nausikaa, die sich des Fremden an-
nimmt und ihn an den Hof ihres Vaters führt. Die Gestalt der
schönen Nausikaa wollte Goethe während seiner Sizilien-

Reise dann ins Zentrum eines seiner Dramen rücken, das er sich als eine Art dramatischer Konzentration der *Odyssee* vorstellte. Der Plan wurde nur in Fragmenten, nicht aber als Ganzes ausgeführt.

Dafür aber schlägt die homerisch inspirierte Garten-Fantasie schon bald in einen kleinen Bericht darüber um, wie man sich in solchen Wundergärten ernährt. Von Früchten, Salat, Öl, Wein und schließlich auch Fischen, die wiederum mit dem Saft der Früchte zubereitet sind – mit anderen Worten: als *Dolci*-Genießer und *Dolci*-Experte: »Vom Essen und Trinken hier zu Land hab' ich noch nichts gesagt und doch ist es kein kleiner Artikel. Die Gartenfrüchte sind herrlich, besonders der Salat von Zartheit und Geschmack wie eine Milch, man begreift warum ihn die Alten Lactuca genannt haben. Das Öl, der Wein alles sehr gut und sie könnten noch besser sein wenn man auf ihre Bereitung mehr Sorgfalt verwendete. Fische die besten, zartesten.« (Johann Wolfgang Goethe: *Italienische Reise,* a. a. O., S. 313)

In den Dolci-Werkstätten Palermos 1

Um vieles davon auch heutzutage noch wiederzufinden, gehe ich nach meinem vormittäglichen Besuch des (heute gegenüber Goethes Zeiten erheblich größeren und inzwischen weltberühmten) *Orto Botanico,* des Botanischen Gartens, vom Hafen aus die lang gestreckte Hauptstraße des *Corso Vittorio Emanuele II* entlang und biege an der *Chiesa del Santissimo Salvatore* nach links durch ein Gewirr schmaler Gassen

57

zum berühmten *Ballarò*-Markt (*Vicolo del Carmelo*) ab. Er ist nicht ganz so weit und großzügig angelegt wie der noch berühmtere Fischmarkt von Catania, wartet dafür aber nicht nur mit Unmengen von Obst, Gemüse und Fisch, sondern vor allem auch mit drastischen und hochbarocken Zurschaustellungen von geschlachteten Lämmern, Kälbern, Hühnern oder Truthähnen auf, die zum Teil direkt am Weg von der Decke der Läden hängen oder auf kleinen Marmorplatten unter tief hängenden Sonnensegeln drapiert sind. Zwischen den schmalen, in die Tiefe der Häuserfluchten sich hinein verlierenden Geschäften stehen am Wegrand immer wieder Tische und Stühle, wo man ein Glas Wein oder eine andere Erfrischung trinken kann, während die Stimmen der Marktverkäufer einen umschwärmen und von allüberall Musik zu hören ist, als legte es dieser vitale Markt darauf an, irgendwann wie in einem musikalischen Rausch auf der Stelle zu kreisen.

Hier erfahre ich auch bald, dass sich ganz in der Nähe eine der berühmtesten *Dolci*-Werkstätten Palermos befindet, unauffällig, an einem stillen, heruntergekommenen Platz (*Via Gian Luca Barbieri 5*). Es handelt sich um das *Dolci-Laboratorio* der *Fratelli Rosciglione,* die seit über fünf Generationen (und damit seit 1840) in Palermo *Dolci* herstellen und sich dabei vor allem auf die klassischen und eher volkstümlichen spezialisiert haben. Betritt man ihren auf den ersten Blick unscheinbaren Laden mit dem schlichten Verkaufsraum, ahnt man nicht, dass sich dahinter, in den anliegenden Räumen, die eigentlichen Werkstätten befinden. Ich frage nach, ob ich auch einen Blick in diese Werkstätten werfen darf, werde aber zunächst hingehalten. Signor Rosciglione erklärt mir vielmehr als Erstes das Programm der familiären *Dolci*-Produktion in einem kleinen Vortrag, der konkret und informativ auf die in den Auslagen gut sichtbaren *Dolci* eingeht. Einen Blick in die Werkstätten darf ich am Nachmittag werfen, wenn er dort mit seiner Frau handwerklich beschäftigt ist.

Der kleine Vortrag erstaunt mich dadurch, dass Signor Rosciglione anscheinend sehr an einer Art Systematik der *Dolci* interessiert ist. Er möchte sie ordnen und zuordnen, er möchte Kategorien und Klassen entwerfen, und er möchte zeigen, wie sich diese Ideengebäude mit der Geschichte der sizilianischen *Dolci* in Einklang bringen lassen. Und das funktioniert etwa so: Am Anfang (also etwa seit Beginn der familiären *Dolci*-Produktion um 1840) sind *Dolci* gut haltbare, mürbe und nur sehr begrenzt süße Kekse und Gebäcksorten, die man nicht nur nach den Mahlzeiten zum starken *Caffè*, sondern den ganzen Tag über, wann immer es einen danach verlangte, zu sich nahm. Die einfachsten von ihnen sind die *Biscotti*, die aus wenig anderem als Mehl, Zucker, Salz und Eiern bestehen und höchstens mit etwas Sesam überzogen werden.

Eine erheblich feinere Note erhielt die *Dolci*-Produktion dann durch die Kultivierung des Marzipans (und damit generell durch den Einsatz von Mandeln). Mandeln, Honig, Nüsse jeder Art machten aus den einfachen *Biscotti* die klassischen *Pastine di mandorla*, die zudem noch mit Zitronat- oder Orangeat-Stücken verfeinert wurden. Reduzierte man bei der Herstellung dieser *Pastine* den Anteil von Mehl, so erhielt man reines Marzipan (*Pasta reale*). Aus reinem Marzipan stellte man später – mit Hilfe des Einsatzes von Lebensmittelfarben und anderen Kolorierungsmitteln – die *Frutta di Martorana* her. Diese bunt kolorierten Marzipanfrüchte waren möglichst exakte Nachbildungen der auf Sizilien geernteten Früchte (wie etwa Zitronen, Orangen, Feigen, Kaktusfeigen etc.) und wurden nicht mehr nebenher verzehrt, sondern höchstens für den Verzehr an besonderen Festtagen hergestellt. Mit dem Einzug des Marzipans (und damit von Mandeln und Honig) in die *Dolci*-Produktion spaltete diese sich in einfache, klassische Sorten und solche, die einen gewissen Luxus auslebten.

Der nächste Schritt bestand darin, die einfachen *Biscotti* gleichsam zu öffnen oder zu schmücken. Dann wurden sie mit Marmeladen, Konfitüren oder Ricotta gefüllt, erhielten Glasuren (aus verfeinertem Zucker und vor allem aus Schokolade) oder wurden mit Zitronat oder Orangeat bekrönt. Blieb nur noch der letzte Schritt, der Schritt hin zum absoluten Luxus (und als er das sagt, lächelt Signor Rosciglione beinahe etwas mitleidig, als wollte er mit diesem Luxus eigentlich nichts zu tun haben): die *Torta* (Torte), deren reinste und urtümlichste Ausprägung die *Cassatina siciliana* darstelle.

In aufwendiger Tortenform vereinigt die *Cassatina* oder *Cassata* die verschiedensten *Dolci*-Zutaten zu einem Gesamtkunstwerk. Ihr Boden besteht aus einem sehr feinen Biskuitteig (bei dessen Herstellung Ricotta, Vanille, Schokolade und kandierte Früchte eine bedeutende Rolle spielen), während ihre zentimeterhohen Seiten aus koloriertem Marzipan geformt werden. Der eigentliche Schmuck, der sich auf dem Hochplateau dieser Torte befindet, wird aus üppig dekorierten, kandierten Früchten gebildet.

Die *Cassata* sei eine Mixtur, kommentiert Signor Rosciglione: überheblich und stark überzogen durch die Zusammenstellung eigentlich sehr heterogener Elemente, die geradezu zwanghaft zu einer Torte kombiniert worden seien. Er selbst liebe und möge die *Cassata* nicht, aber auch sein Betrieb komme ohne ihre Herstellung vor allem für den Genuss an Feiertagen nicht aus. Insgesamt aber sei die *Cassata* einfach alles (Biskuit, Marzipan, kandierte Früchte) und dadurch eben auch nichts Richtiges, Ganzes. Außerdem sei sie eindeutig zu bunt, zu hochtrabend, zu wichtigtuerisch – was allein schon dadurch zum Ausdruck komme, dass sie in den Pasticcerien immer einen Ehrenplatz in den Auslagen einnehme. Mit der Zeit sei sie zu einem Bestandteil sizilianischer Folklore geworden, eine süße Prostituierte, die sich überall anbiedere, bunt schimmere und glänze, dabei aber längst nicht so einen Genuss darstelle wie zum Beispiel einfachste *Buccellati*.

»Kosten Sie bitte einmal von den *Buccellati*«, schließt Signor Rosciglione seinen Vortrag und reicht mir eine der in der Tat schlicht aussehenden kleinen Gebäcktaschen, die mit Puderzucker bestreut und bestem Feigenmus gefüllt sind. Ich koste, ich nicke, »Sie haben recht, Signor Rosciglione«, sage ich, und Signor Rosciglione lacht. »Und was werden Sie mir am Nachmittag zeigen?«, frage ich. »Ich werde Ihnen meine Lieblings-*Dolci* zeigen, die ich aus guten Gründen noch nicht erwähnt habe. Es handelt sich um unsere *Cannoli siciliani*, ja, es geht um unsere Favoriten und Prachtexemplare, die besten *Cannoli* Siziliens. Mit ihnen verbindet sich meine eigentliche *Dolci*-Philosophie, von der ich Ihnen ebenfalls am Nachmittag erzählen werde.« – »Aber warum erst am Nachmittag?«,

wage ich noch zu fragen, und Signor Rosciglione erläutert mir, dass zur Herstellung der *Cannoli* unbedingt *zwei* Menschen notwendig seien und dass die Mitherstellerin des Nachmittags seine Frau sein werde, ohne die er sowieso keine *Cannoli* herstelle. »*Cannoli* nur in Zusammenarbeit mit meiner Frau!«, sagt er entschieden, als handelte es sich um eine uralte Weisheit oder ein ultimatives Diktum von größter Tragweite. Und weiter sagt er, mindestens ebenso entschieden und beinahe feierlich: »Jetzt, am Vormittag, habe ich Ihnen die Theorie nähergebracht, am Nachmittag ist die Praxis dran. Sie verstehen?« Ich nicke, ja natürlich, wie sollte ich das denn nicht verstehen? Signor Rosciglione aber schaut mich etwas zweifelnd an, er scheint zu ahnen, dass mir die ganze Bedeutungsfülle seiner Weisheiten nicht klar zu sein scheint. »Nun ja«, beendet er seinen Monolog, »am Nachmittag werden Sie mich schon verstehen, das glaube ich fest.«

Wir vereinbaren eine exakte Uhrzeit für unsere zweite Begegnung, die so ausschließlich und intensiv der handwerklichen Praxis vorbehalten zu sein scheint. Als wir an den Auslagen voller *Dolci* im Verkaufsraum vorbeigehen, nennt Signor Rosciglione noch einmal fast all deren Namen. Er spricht langsam, leise und sagt diese Namen – wie Glieder einer kleinen Litanei – in ruhigem Ton auf. Und er begleitet diese Namensnennungen mit ein paar fast zärtlichen Kommentaren, als seien all diese in seiner Verkaufstheke ausgelegten *Dolci* nichts anderes als reale Lebewesen. »*Pastine di mandorla* – das sind meine Kleinsten, schauen Sie, sie haben bunte Augen aus kandierten Früchten! Und daneben *Biscotti regina* – sind sie nicht brav in all ihrer Farblosigkeit und mit dem bisschen Sesam, der sie veredelt? *Pasta reale* – das sind durchgedrehte Teufel, die immer zusammenbleiben und in Rudeln herumziehen. Und dort, die *Ossa di morto,* mein Gott, das sind schlimme Langweiler in braun-weißen Gewändern, wie Mönche, die ihre Ordenskleidung im Wind wehen lassen!« Signor Rosciglione lacht und berührt meine rechte Schulter, als wollte er mich auffordern, mich nicht nur über seine kühnen Vergleiche zu wundern, sondern endlich auch mitzulachen. Ich versuche es, aber es gelingt mir nicht recht, weshalb Signor Rosciglione sich etwas zu mir hin beugt, um noch einen letzten, überraschenden Hinweis zu platzieren: »Manchmal machen meine *Dolci* alle zusammen sogar Musik, ja doch, glauben Sie mir! Am Nachmittag werden Sie diese Musik hören, und Sie werden erstaunt sein. Verstehen Sie etwas von Musik? Von klassischer, meine ich! Sind Sie vielleicht sogar ein Kenner?« Ich überlege kurz, wie ich mich aus der Affäre ziehen soll, und entscheide mich dann rasch, nun auch selbst eine zumindest kleine Überraschung zu unserer Unterhaltung beizusteuern: »Ja«, antworte ich, »ich glaube schon, dass ich so etwas wie ein Kenner der klassischen Musik bin. Wenn es dabei aber vor allem um sizilianische Musik geht, bin ich mir nicht mehr so sicher.« – »Nun gut, dann warten wir ab, ich bin gespannt!«, sagt Signor Rosciglione und gibt mir die Hand.

Es ist Mittag, und ich gehe zurück auf den *Ballarò*-Markt, um dort eine Kleinigkeit zu essen. Es gibt ein paar Eckrestaurants, die ihre Tische vor allem draußen, auf der Straße, platziert haben, es gibt aber noch viel mehr Garküchen, die meist nur etwas Kleines, frisch Frittiertes anbieten. Ich treffe wieder auf die winzigen Halbmonde aus Kichererbsenmehl (*Panelle)* und auf die festen, länglichen Kartoffelkroketten, die ich bereits aus der *Antica Focacceria* kenne. Hier, auf dem Markt, wurde ihr Geschmack durch einen starken Anteil von Muskatnuss verfeinert. Besonders delikat und dennoch einfach sind die *Anelletti al forno,* die auf den ersten Blick wie unsere Fastnachtskrapfen aussehen. Die dunkelbraun frittierten Teigballen mit der festen Kruste bestehen aber nicht nur aus einem weichen, leicht süßlichen Teig, sondern enthalten daneben auch noch reichlich fein gehackte Karotten, Sellerie, Tomaten, Erbsen und Zwiebeln. Bereits nach dem Genuss einer einzigen dieser kompakten und doch sehr schmackhaften süßherben Leckereien ist man im Grunde gesättigt und beendet die winzige Mahlzeit am besten mit einem Glas guten sizilianischen Rotwein.

Danach schlendere ich noch eine Weile über den Markt und interessiere mich für die vielen Stände mit CDs und alten Schallplatten, die auch ein erstaunlich großes klassisches Repertoire anbieten. Die meisten dieser Tonträger haben einen regionalen Bezug und präsentieren Musik von Komponisten, Orchestern oder Gruppen, die in irgendeiner Hinsicht mit Sizilien zu tun haben. Große Mandolinenorchester spielen sizilianische Canzoni, und überall in Sizilien bekannte Sängerinnen (wie etwa Rosa Balistreri) singen sizilianische Lieder, die auf dem ganzen Markt zu hören sind. Auf manchen CDs geht es sogar um die sizilianische Oper, und ich werde an sizilianische Komponisten wie Vincenzo Bellini oder Pietro Mascagni erinnert, deren Arien ich vor allem deshalb kenne, weil bekannte Sängerinnen und Sänger (wie Maria Callas oder Luciano Pavarotti) sie immer wieder gesungen haben. Ich bekomme einen Kopfhörer und höre etwas in diese CDs hinein, und dann nehme ich zwei von ihnen mit, ausschließlich mit Arien und Orchesterstücken aus den Opern von Bellini und Mascagni.

Schließlich aber ist es Zeit, und ich gehe zum *Laboratorio* der *Fratelli Rosciglione* zurück. Es ist geschlossen, aber als ich klopfe, erscheint Signor Rosciglione, sagt jedoch kein weiteres Wort, sondern führt mich gleich hinüber in die Werkstatt, wo seine Frau an einem langen Tisch schon auf mich wartet. Wir begrüßen uns, aber erst als wir uns die Hand geben, bemerke ich so richtig, dass in der Werkstatt Musik läuft. Ein Stück für großes Orchester, hochmelodiös, Seelennahrung, direkt ins Herz zielend. Ich kenne dieses Stück, aber ja, ich habe es schon unzählige Male gehört, doch ich weiß nicht mehr genau, was es ist. Italienische Oper – das ist klar, aber welche? Und von welchem Komponisten? Das Ehepaar Rosciglione steht hinter seinem Arbeitstisch und schaut mich an. Signora Rosciglione trägt einen weißen Kittel und hält einen gut gefüllten Spritzbeutel in der Rechten. Signor Rosciglione steht neben ihr und lauscht vorerst nur der Musik.

Und dann kommt ein wunderbarer Moment, denn er sagt: »Hören Sie? Es ist Frühling, das ist der Frühling. Ganz Sizilien blüht. Hören Sie das Blühen? Die Erde und der Himmel summen vor Glück, das ist das Frühlingssummen.« Ich höre zu, und Signor Rosciglione hat recht: Diese Musik summt den Frühling Siziliens, das Blühen seiner Bäume und Sträucher, die im Frühling sanfter werdende Schwere der Landschaft, den weißblauen Duft ihrer Atmosphären – genau das ist es. »Kennen Sie diese Musik?«, fragt Signor Rosciglione, und ich sage »ja«, aber ich sage auch, dass ich nicht genau weiß, wer sie komponiert hat. »Schön, dass Sie diese Musik kennen, das freut mich«, sagt Signor Rosciglione und schaut mich ernst an, und dann erklärt er mir, dass es sich um das berühmte Orchester-*Intermezzo* aus Pietro Mascagnis Oper *Cavalleria rusticana* handelt.

Da aber erinnere ich mich sofort, denn diese Oper spielt an einem Ostermorgen, irgendwo draußen, auf dem sizilianischen Land. Das Volk trifft sich vor der Kirche und geht dann zum Ostergottesdienst auch hinein, und später gibt es gewaltigen Ärger und Streit und einen Mord, aber jetzt, im Moment des *Intermezzo,* gibt es nur dieses stille und unglaublich melodiöse Ein- und Ausatmen der Streicher, ein Schwelgen im Stillstand, ein Auf-der-Stelle-Schwelgen, wirklich unglaublich. Es zieht einen mit sich fort, man kann an gar nichts anderes mehr denken, man versinkt völlig in diesem Auf und Ab des Vor-sich-hin-Summens, als summten alle: die Natur, die Erde, der Himmel, die Menschen in diesem Moment ein und dasselbe. »Diese Musik – das ist die Musik der *Dolci,* verstehen Sie?«, sagt Signor Rosciglione. Ich höre es, und ich verstehe genau, was er meint. Diese Musik summt den sizilianischen Frühling und schmeckt die sizilianischen *Dolci,* diese Musik ist die große sizilianische Atmosphären-Musik, eine Musik, die ohne Worte – ganz aus sich heraus – beweist, dass in Sizilien, wie die Dichter sagen würden, »recht eigentlich gelebt« wird.

Etwa fünf Minuten dauert Mascagnis *Intermezzo.* Und als sei dieses *Intermezzo* auch das unserer Arbeit, stehen wir drei vollkommen still und hören zu. Danach aber öffnet Signora Rosciglione eine große Kiste, in der sich Hunderte der hellbraunen und bereits frittierten Teigrollen befinden, die gleichsam die Außenhaut der *Cannoli* darstellen. Ihr Teig besteht aus Mehl, Kakao, Butter, Zucker, Milch und etwas Marsala. Er wird nach seinem Aufgehen auf schmale Blechhülsen gepresst und in dieser Form in heißem Öl frittiert. Später trennt man die Teigrollen vorsichtig wieder von den Hülsen und füllt sie mit einer sehr feinen und vor allem frischen Creme, die aus Ricotta, Pistazien, kandierten Früchten und dünnen Schokoladensplittern besteht. Und genau diese Creme wird dann mit Hilfe eines Spritzbeutels vorsichtig in die noch leeren, aber bereits frittierten Teigrollen gefüllt.

Signora Rosciglione nimmt ein Röllchen nach dem andern aus der Kiste, hält es in der Linken und füllt es mit der Ricotta-Substanz aus dem Spritzbeutel in der Rechten. Im *Laboratorio* ist es nun vollkommen still, und wir drei sind Zeugen einer heiligen Handlung. Die gefüllten Röllchen kommen nebeneinander auf ein kleines Tablett, sie liegen da wie winzige Wunderwerke, die eigentlich gar nicht für den Verzehr bestimmt sind, sondern nur dafür, ein derartiges Bild abzugeben: das Bild einer edlen Truppe, innerhalb derer sich niemand hervortut und alle Mitglieder nur darauf versessen sind, ein geradezu ideales farbliches Orchester abzugeben: Das Goldbraun der leicht krustigen Teigrollen, das helle, bunt gesprenkelte Weiß der Füllung!

Und als sei das alles noch nicht genug, hebt Signor Rosciglione nach längerer, stummer Betrachtung des sich immer mehr komplettierenden Bildes den Puderzucker-Streuer in seiner Rechten und streut – unendlich behutsam und nachdenklich – über die frisch aufmarschierte Schar einen dünnen Schnee. Die noch nicht ganz fertigen *Cannoli* scheinen kurz zusammenzuzucken, dann aber strecken sie sich wieder, atmen durch und haben zu ihrer Vollendung gefunden. Satt, erlesen und friedlich liegen sie da, und Signor Rosciglione packt eine kleine Flotte von ihnen für mich ein, während wir alle zusammen noch einmal das berühmte *Intermezzo* von Pietro Mascagni hören.

»Anders als fast alle anderen *Dolci* sind die *Cannoli* außen stark knusprig und innen überaus sanft und weich. Sie haben etwas Feminines und etwas Maskulines, sie sind beides zugleich, verstehen Sie?«, fragt Signor Rosciglione. »Und anders als fast alle anderen *Dolci* präsentieren sie eine große Palette von Farben – das aber äußerst zurückhaltend, ja geradezu bescheiden. Erst auf der Zunge vereinigen sich die frittierten Teigsubstanzen mit der weichen Creme, es ist ein wirklich erotischer Vorgang. Wegen all dieser Andersartigkeiten liebe ich die *Cannoli*«, sagt Signor Rosciglione noch weiter, und dann bedanke ich mich und gebe seiner Frau und ihm zum Abschied die Hand.

»Was haben Sie denn da in der Tüte?«, fragt Signor Rosciglione beim Hinausgehen noch hinter mir her, »haben Sie auf unserem Markt etwas Interessantes gefunden?« Ich warte einen Moment, dann öffne ich die Tüte und nehme die beiden CDs heraus. »Schauen Sie, das *Intermezzo* von Mascagni«, antworte ich, »ich habe es gerade, vor kaum einer Stunde, auf Ihrem schönen Markt gekauft.« Signor Rosciglione nimmt die CD in die Hand und mustert sie. Dann schüttelt er nur noch den Kopf, gibt die CD zurück und umarmt mich.

In den Dolci-Werkstätten Palermos 2

Das *Laboratorio* der *Fratelli Resciglione* befindet sich nicht zufällig ganz in der Nähe des alten *Ballarò*-Marktes und damit mitten in einem der ältesten Viertel Palermos. Die Herstellung der *Dolci* beruht hier auf traditionsreichen Rezepten mit einer jahrhundertealten Geschichte, in der diese Rezepte immer mehr verfeinert wurden, während ihre gleichsam volkstümliche Herkunft dennoch deutlich erkennbar blieb. Mit der Zeit sind diese kleinen, raffinierten Speisen zu einem fast täglichen Nahrungsmittel geworden. Ein oder zwei *Dolci*, oft in der Frühe oder am späten Abend auch außerhalb der sonstigen Mahlzeiten gegessen, sorgen im oft anstrengenden Lebensrhythmus der palermitanischen Bevölkerung für intensive Augenblicke des Genusses und der Freude. Ihr Verzehr signalisiert Entspannung und Wohlbefinden und ist nicht zuletzt auch eine Art Bekenntnis zu einem zumindest momentanen Luxus, den man den Sizilianern auch in Zeiten nachgesagt hat, in denen die große Mehrheit der Bevölkerung sich jeden Luxus eigentlich hätte versagen müssen.

Den größtmöglichen Kontrast zu den immer noch schlichten Herstellungstechniken dieser traditionellen *Dolci* findet man in jenen *Laboratorien*, die den Luxus erst zu ihrem eigentlichen Thema gemacht haben. Eines ihrer bekanntesten ist die *Pasticceria Cappello*, die jedem Kunden schon beim Betreten des Verkaufsraumes und der Bar deutlich macht, wo er sich befindet (*Via Colonna Rotta, 68*). Hier nämlich ist alles Farbe, Glanz, ja ein einziges triumphales Barock! Torte neben Torte, jede ein schillerndes Unikat! In solch einem *Laboratorio* arbeiten keine braven Handwerker, die stolz auf die lange Ge-

schichte ihrer Erzeugnisse sind, hier sind vielmehr die wahren *Maestri pasticceri* am Werk. Vater Salvatore Cappello hat in den letzten Jahrzehnten alles abgeräumt, was man an nationalen Diplomen und Preisen für herausragende *Dolci* gewinnen kann. Jetzt bringt er seine hoch entwickelten Künste ganzen Scharen von jungen Adepten an zahlreichen Instituten in Palermo und auf ganz Sizilien bei. Und Sohn Giovanni hat es ihm nachgetan und ihn sogar noch übertroffen, indem er inzwischen längst auch bei großen internationalen Wettbewerben erfolgreich war und dabei Gold-, Silber- und Bronzemedaillen gewonnen hat.

Auf Nachfrage darf ich auch hier die Werkstätten besuchen, die sich ebenfalls direkt neben den Verkaufsräumen befinden. In ihnen arbeitet eine junge Truppe von Konditoren unentwegt und anscheinend gut gelaunt so perfekt Hand in Hand, dass die Herstellung der *Dolci* wie ein Vergnügen erscheint. Kaum haben wir uns ein paar Minuten unterhalten, fällt dann ein großer Name, der in diesem *Laboratorio* den Status eines heiligen Namens zu haben scheint. Zunächst ganz nebenbei, dann aber immer wieder erwähnt einer der beiden *Maestri,* dass man hier jene *Dolci* herstelle, die dem großen *Gattopardo* sehr gefallen und geschmeckt hätten. Einige von ihnen würden in Giuseppe Tomasi di Lampedusas Roman sogar ausdrücklich genannt, und zwar nicht nur am Rand, nein, vielmehr sehr detailliert und so, dass jedem Leser klar sei, welches Glück der Verzehr solcher *Dolci* bedeute.

Ich erinnere mich, dass der Roman *Il Gattopardo* erst nach dem Tod Lampedusas Ende der fünfziger Jahre des vergange-

nen Jahrhunderts erschienen ist. Wenige Jahre später wurde
er durch Luchino Visconti mit Burt Lancaster, Claudia Cardi-
nale und Alain Delon in den Hauptrollen verfilmt und erhielt
dadurch Weltruhm. Denkt man heutzutage an weithin bekannte sizilianische Literatur, fällt einem wohl zunächst dieser Roman ein, der von den allmählich verblassenden Glanz-
zeiten des sizilianischen Hochadels im späten neunzehnten
Jahrhundert erzählt.

Don Fabrizio, Herzog von Salina, Fürst von Palma, ist der
melancholische Beobachter dieses langsamen Untergangs,
dem er und seine Familie nur die Noblesse eines Lebensge-
fühls entgegenzusetzen wissen, dessen Fundamente Stück
für Stück schwächer werden. Lampedusa hat den Abschied
von dem althergebrachten Empfinden des vermögenden sizilianischen Adels glanzvoll inszeniert, und so nimmt die Beschreibung und Darstellung der Lebensrituale seiner Mitglieder im Roman einen bedeutenden Raum ein. Die festlichen
Mahlzeiten, der Besuch der Gottesdienste, das Leben in den
großen und raumreichen Palästen in der Stadt und (im Sommer) auch auf dem Land sind virtuoses Material für Lampedusas konkreten und scharfen Blick, der weniger der Blick
eines voraneilenden erzählenden Epikers als der eines kunstvoll zeichnenden und psychologisch beschreibenden Porträ-
tisten und Malers war.

So entstehen im Roman immer wieder kurze Genre-Szenen
oder Stillleben, die einen starken, vielsagenden Augenblick
im Leben der porträtierten Familie Salina festhalten. Zum
Beispiel wird ein Mittagessen beschrieben, dessen Ende von
der Feier besonderer *Dolci* markiert wird: »Zum Abschluss

des Essens wurde ein Rumgelee aufgetragen, Don Fabrizios Lieblingsnachtisch, die Fürstin hatte nicht vergessen, es frühmorgens, als Dank für empfangene Tröstungen, in der Küche zu bestellen. Das Gelee sah bedrohlich aus, wie ein Wehrturm, der auf unmöglich zu erklimmenden Bastionen und Eskarpen mit glitschigen, glatten Wänden ruhte, verteidigt von einer schmucken roten und grünen Garnison aus Kirschen und Pistazien; doch er war durchsichtig und wackelig, und der Löffel versank mit verblüffender Leichtigkeit darin. Als die bernsteinfarbene Festung beim zuletzt bedienten sechzehnjährigen Francesco Paolo anlangte, bestand sie nur noch aus niedergerissenen Brustwehren und aus den von feindlichen Kanonen zerschossenen Wällen. Heiter gestimmt vom Aroma des Likörs und der delikaten Süße der bunten kriegerischen Garnitur, ergötzte sich der Fürst an der Schleifung des trutzigen Forts unter dem Ansturm der Näscher. Eines seiner Gläser war noch halb mit Marsala gefüllt: er hob es, betrachtete reihum die Familie, schaute eine Sekunde länger in Concettas blaue Augen, und ›Auf das Wohl unseres lieben Tancredi‹, sagte er dann. Er trank den Wein in einem Zug aus. Die Initialen F. D., die sich vorher deutlich vom Gold des vollen Glases abgehoben hatten, sah man nicht mehr.« (Giuseppe Tomasi di Lampedusa: *Der Gattopardo. Roman.* Aus dem Italienischen und mit einem Glossar von Giò Waeckerlin Induni. München Zürich 2004, S. 50)

Ein *Rumgelee* wäre in Deutschland eine Nachspeise, die man zur Familie der *Kaltschalen* zählen würde. Auf Sizilien gibt es sie in vielen unterschiedlichen Geschmacksrichtungen, als Zitronen-, Melonen-, Orangen-, Zimt- oder auch Rumkaltschale (*Gelo di Limone, Gelo di Mellone* etc.). Fast immer werden sie mit reichlich Wasser, Fruchtsaft, Weizenstärke und Zucker durch Aufkochen hergestellt und erhalten nach einigen Stunden im Kühlschrank dann ihre besondere, leicht glänzende und durchsichtige Form. Die *Kaltschalen* sind ein Mittelding zwischen den noch wässrigen, aus Eissplittern bestehenden *Granite* und den bereits etwas cremigeren *Sorbets*. Sie schmecken leicht, sind nicht zu kühl, wohl aber sehr konzentriert, im Grunde fängt das Wasser, das zu ihrer Herstellung notwendig ist, nur das Aroma einer einzelnen Frucht oder Zutat ein, um dieses Aroma in eine festere, aber immer noch geschmeidige Form zu überführen. Ein *Gelo* verwandelt also etwas Elementares, Flüchtiges (einen Duft, einen Geruch) in etwas Fass-, Ess- und Teilbares. So gesehen, handelt es sich bei den *Kaltschalen* um typisch sizilianische *Dolci*-Errungenschaften: Den blühenden, duftenden Garten zu kultivieren, ihn blühend und duftend auf der Zunge zu servieren – das ist, wie wir inzwischen wissen, das große Thema der sizilianischen *Dolci*-Herstellung.

Einmal besucht die Familie Salina in Lampedusas Roman einen Ball in Palermo. Don Fabrizio studiert aufmerksam, wie geschmack- und kunstvoll die große Tafel gedeckt ist, dann aber widmet er sich dem Verlockendsten, was die Tafel an Speisen zu bieten hat: »Er schenkte dem vor Kristall und Silber glänzenden Tisch mit den Getränken an der rechten Wand keine Beachtung und wandte sich dem mit den Nachspeisen auf der linken Seite zu. Dort: riesige *babà*, falb wie Pferdefell; mit Schlagsahne zugeschneite Mont-Blancs; *beignets Dauphine*, von den Mandeln weiß und den Pistazien hellgrün gesprenkelt; mit Schokoladencremesauce übergossene *profiteroles*-Hügelchen, braun und fett wie der Humus der

Ebene von Catania, woher sie, tatsächlich, über lange Umwege kamen; rosafarbene *parfaits*, champagnerfarbene *parfaits*, zartgraue *parfaits*, die knirschend zerbröckelten, wenn der Spatel sie durchschnitt; schmeichelnde Ritornelle in Dur der kandierten Amarellen; säuerliche Farbenklänge der gelben Ananas; riesige Torten, ein ›Triumph der Völlerei‹ mit dem matten Grün seiner gemahlenen Pistazien; unzüchtige ›Jungferntörtchen‹. Von diesen ließ sich Don Fabrizio zwei geben, und auf dem Teller glichen sie tatsächlich einer profanen Karikatur der heiligen Agatha, die ihre abgeschnittenen Brüstchen auf einem Tellerchen zeigt. ›Wie kommt es, dass das Heilige Offizium vergessen hat, diese Törtchen zu verbieten, als es noch die Macht dazu hatte? Der ‚Triumph der Völlerei‘ (die Völlerei, eine Todsünde), die von den Klöstern verkauften, von Ballbesuchern verschlungenen Brüste der heiligen Agatha! Na ja.‹« (Giuseppe Tomasi di Lampedusa: *Der Gattopardo,* a. a. O., S. 251/252)

Kunstvoll fängt Lampedusa den Blick Don Fabrizios ein und verlangsamt ihn zu einer Zeitlupenfolge von verschiedenen, luxuriösen *Dolci*, wie sie heutzutage in der *Pasticceria Cappello* hergestellt werden. Einen Höhepunkt dieses Luxus bilden die sogenannten Jungferntörtchen (*Minne di Sant' Agata*), kleine, schneeweiße Halbkugeln, von einer dunkelroten, kandierten Kirsche leicht obszön bekrönt. Sie bestehen aus einem klassischen Mürbeteig, der – nach einem kurzen Ruhe-Aufenthalt im Kühlschrank – in kreisrunde Förmchen gebracht wird. Auf diesen Teig kommt die cremige Füllung aus Ricotta, Puderzucker, kandierten Früchten und Schokolade. Diese Füllung wird mit einem weiteren Stück Teig zu einer Halbkugel verschlossen, die dann mit einer Glasur aus geschlagenem Eiweiß, Puderzucker und Zitronensaft überzogen wird. *Minne di Sant' Agata* schimmern wie geduldig gepflegte, jahrelang eingecremte und von keiner einzigen Unreinheit getrübte Haut. Ihre deutlich erotische Note lässt auch Don Fabrizio sofort an eine Sünde denken, an einen heimlichen und eigentlich verbotenen Mundgenuss, an die Berührung von weiblichen Körperpartien, die sonst immer im Verborgenen bleiben.

Die *Pasticceria Cappello* treibt den Luxus so weit, dass sie eine prächtige *Cassata* mit mehreren kleinen *Minne di Sant' Agata* krönt. Daneben aber trumpft sie mit vielen verschwenderisch vor allem mit Schokolade überzogenen Torten auf, die von den Kunden wie edle, zerbrechliche Kostbarkeiten in runden, hohen, buntfarbigen Schachteln vorsichtig nach draußen getragen werden. Es gibt Orangentorten oder Torten aus Kastanienmus, es gibt Pistazien- oder Mandeltorten – und es gibt die beiden Ekstasenummern der *Pasticceria:* zum einen die *Torta Savoia*, deren Teig aus Eiern, Zucker, Honig und Maismehl und deren Füllung aus fruchtiger Nussschokolade, in Kakao aufgelöst, besteht (die Glasur ist aus feinster, tiefschwarzer Blockschokolade mit einer leichten Note Erdnussöl) – und zum anderen die *Torta Volo*, die im Grunde nichts anderes ist als eine mit einer raffinierten Schokoladenglasur überzogene Schokoladen-Pistazien-Mousse.

In der Werkstatt darf ich das alles probieren, und ich habe Mühe, für diese erlesenen und bis in die letzte Nuance ausgereizten *Dolci* immer weitere Steigerungen an lobenden Worten zu finden. Draußen, im Verkaufsraum, fällt mir nichts anderes mehr dazu ein, als begeistert zu behaupten, dass die eben genossene *Dolci*-Revue wie eine große Oper sei: eine Koloraturarie nach der anderen, pure Leidenschaft, kein einziger Moment der Langeweile oder des blassen Verweilens. Den Signori Cappello gefällt diese Bemerkung, sie wiederholen sie sogar zwei-, dreimal, sodass ich plötzlich auf den Gedanken komme, sie nach einer sizilianischen Opernmusik zu fragen, die zu ihren Künsten passe. Zum Beispiel Musik von Mascagni? Von Pietro Mascagni?! Etwa eine Oper wie *Cavalleria rusticana?!* Die beiden Signori schauen sich kurz an und schütteln beinahe zugleich den Kopf. Mascagni?! Auf gar keinen Fall! Nie und nimmer Mascagni! Und was dann? – Tja, was dann?! Nicht Mascagni, sondern Bellini, Vincenzo Bellini! Ja, genau, die Opern von Vincenzo Bellini – die passten zu den *Dolci* der *Pasticceria Cappello*, Opern wie *Norma* oder *La Sonnambula* (*Die Schlafwandlerin*), deren Arien niemand anderes als die große Maria Callas immer wieder und überall auf der Welt gesungen habe.

Vincenzo Bellini, Maria Callas, große Auftritte, hoher Sopran ..., immer wieder und immer besser und überall auf der Welt – ich verstehe sofort, welche Ansprüche die Signori Cappello mit ihren *Dolci* verbinden. Es sind *Dolci* für die ganz großen Rampen und das internationale Parkett. Wie gerne würde ich einige von ihnen mitnehmen und sie in die *Dolci*-Sammlung einreihen, die ich inzwischen auf jeder Sizilien-Station in Kühlschränken meiner Hotels oder Pensionen lagere. Aber es geht nicht, diese pompösen und triumphalen *Dolci* werde ich in den nächsten Tagen nicht so schnell, wie es notwendig wäre, essen können. Ich erkläre das den *Maestri Cappello*, und sie haben für mein Problem großes Verständnis. Irgendwann werde ich sicher mehr Zeit haben und eine

Woche oder länger in Palermo verbringen, dann sei die Zeit für einen langsamen, intensiven *Cappello-Dolci*-Genuss gekommen! Ich stimme zu, ja, so könnte es sein, im nächsten oder im übernächsten Jahr, während eines weiteren Sizilien-Aufenthalts.

Ich will die *Pasticceria* verlassen und verabschiede mich mit tausend Dank, als ich noch ein Geschenk zum Mitnehmen erhalte. Eine kleine, quadratische Schachtel mit winzigen Pralinen. Zitronen, Mandeln, Schokolade – daraus sind sie gemacht, und man isst sie, na klar, nebenbei, auf der Straße, oder irgendwo, auf der Reise, im Auto, im Zug. »Niemals ohne *Dolci*!«, ruft man mir noch hinterher, und ich nicke und winke bestätigend und einverstanden. Niemals ohne *Dolci*! – hier, auf Sizilien, habe auch ich längst mein Leben geändert, gemäß dem ersten aller kulinarischen Gebote.

Die Sesam-Brote von Monreale

Am 7. November 1881 fahren Cosima und Richard Wagner in den Ort Monreale, der auf einem Hügel oberhalb von Palermo liegt. Von dort hat man eine weite Aussicht auf die große Hafenstadt sowie die Orangentäler, Olivenhaine und Weinberge, die sich von ihren Häusern den gesamten Hügel bis hinauf nach Monreale erstrecken. Der Normannenkönig Wilhelm II. ließ dort im zwölften Jahrhundert eine Kathedrale samt Kloster und Kreuzgang erbauen, Cosima und Richard Wagner besichtigen das Gelände und sind bewegt von dem erhabenen Eindruck, den der gesamte Komplex hinterlasse. »Was sind das für Menschen gewesen, die so etwas erbauten«, ruft Richard aus – die Überwältigung durch das Gesehene ist so groß, dass die beiden, kaum dass sie nach Palermo zurückgekehrt sind, zu einem Drama Shakespeares greifen. Nach den Eindrücken in Monreale bleibe nur Shakespeare übrig, notiert Cosima, und weiter notiert sie, dass Richard bei der Lektüre des Shakespeare-Dramas derart verblüffend jugendlich ausgesehen habe, dass sie ihm das ausdrücklich gesagt habe.

Monreale ist für die beiden Reisenden ein in die Bergwelt entrücktes Paradies, in dem man sich in eindrucksvoller Umgebung wie in einem eher intimen und wenig überlaufenen Raum von der Unruhe der viel größeren Hafenstadt erholt. Kunst und Natur gehen hier eine besondere Verbindung ein, etwa in Gestalt der Kapitelle des großen Kreuzgangs, deren figürliche Darstellungen immer wieder auf das nahe Umland verweisen. Viele Obstbäume, Früchte und Weinreben schmücken sie, und es gibt Ernteszenen, die alte und junge Winzer nicht nur bei harter Arbeit, sondern auch beim betont lust-vollen Genuss der Trauben zeigen. Die Bildlichkeit der Kapitelle ist eine derart verspielte und heitere, dass man sich in der Tat mit Cosima und Richard Wagner fragen mag, was das für Menschen gewesen sind, die etwas so Rares und erstaunlich Schwereloses geschaffen haben.

Man weiß heute, dass an Dom und Kreuzgang von Monreale sowohl normannische wie arabische Künstler und Baumeister mitwirkten. Als der aus Andalusien stammende arabische Dichter Ibn Dschubair im späten zwölften Jahrhundert von einer Pilgerreise nach Mekka und Medina heimfährt, macht er nach einem schweren Sturm auch eine Weile auf Sizilien Station. In seiner Reisebeschreibung entwirft er eine kurze Skizze des Zusammenspiels von normannischer Herrschaft und arabischer Bevölkerung unter dem normannischen König Wilhelm II., also genau zur Zeit des Dombaus von Monreale. Ibn Dschubair schreibt: »Mit ihrem König verhält es sich wunderbar. Sein guter Lebenswandel und seine Anstellung von Muslimen als Handwerker, Pagen und Lustknaben ist verdienstvoll. Alle oder die meisten von ihnen verbergen ihren Glauben, sie halten an der islamischen Scharia fest. Er hat großes Vertrauen in die Muslime und verlässt sich auf sie in jeder Lage und bei allen wichtigen Geschäften, sodass sogar der Oberaufseher seiner Küche ein Muslim ist.« (*Tausendundeine Welt. Klassische arabische Literatur vom Koran bis zu Ibn Chaldûn.* Ausgewählt und übersetzt von Johann Christoph Bürgel. München 2007, S. 259)

Das arabisch-islamische Moment ist in Dom und Kreuzgang unübersehbar, es schlägt sich nicht nur in islamischen Bildmotiven, sondern auch in der Freude an den leuchtenden Farben der Mosaiken oder in den ornamentalen Schmuckformen nieder, die den gesamten Kreuzgang durchziehen. Als Ganzes wirkt er wie ein geschlossener Gartenbezirk, der mit seinen Brunnen, Schatten, Säulen und Durchblicken jene besondere Stille und Schönheit bewahrt, von der auch die arabischen Dichter Siziliens in diesen frühen Jahrhunderten immer wieder gesungen haben.

Verlässt man Dom und Kreuzgang und geht von dem weiten und luftigen Domplatz aus ins Innere des Ortes, so erkennt man rasch, wie stark arabische Einflüsse auch die *Dolci*-Kultur Monreales prägten. Obwohl der Ort nicht besonders groß ist, macht er auf seinen schmalen Hauptwegen einen ausgesprochen lebendigen und anregenden Eindruck. Viele Obstläden reihen sich aneinander und präsentieren ihre Waren direkt auf der Straße, es gibt kleine Garküchen und viele Bäckereien, die unter anderem ein besonderes Brot anbieten, das viele Sizilianer für das beste Brot Siziliens halten.

Eine der ältesten dieser Bäckereien ist die *Antica forneria Tusa* (*Via Pietro Novelli, 25*), in deren Verkaufsraum man oberhalb der Regale lesen kann, dass das Brot nie ausgehe und etwas Unendliches habe. Unendlich, zeitlos – so kommen einem die dunklen, an der Oberseite fast schwarz gebackenen, herrlich duftenden schmalen Brote wirklich vor. Anders als das sonst meist allzu helle und weiche sizilianische Brot sind die *pani ri Murriali* (*Brote von Monreale*) knusprig und fest und an der Oberseite mit vielen Sesamkörnern bestreut. Bricht man diese Brote durch, so schimmert ihr Inneres luftig und entspannt, wie erleichtert darüber, einer großen Hitze gerade

L'OASI SICILIANA ...MONREALE...

L'OASI SICILIANA ...MONREALE...

GRANITA DI LIMONE € 1.50
GRANITA FRAGOLE € 1.50
GRANITA GELSI NERI
SPREMUTA DI ARANCIA
COPPA DI FRUTTA €2.00
BIBITA 'OASI' € 2.00
SPLENDINO DI FRUTTA €2.50
FRULLATO DI FRUTTA MAX 3.00

GRANITA DI LIMONE € 1.50

'OASI' SPREMUTA DI ARANCE CON GRANITA DI LIMONI

BIBITA 'OASI' € 1.50
SPREMUTA DI ARANCE CON GRANITA DI LIMONE

GRANITA DI LIMONE € 1.50

BIBITA TIPICA SICILIANA € 1.50

BIBITA TIPICA SICILIANA € 1.50

noch entkommen zu sein. Für diese Hitze sorgen schwere Scheite von Olivenholz, deren Rauch in den alten Holzöfen einen besonderen Duft erzeugt. Es gibt vier verschiedene Sorten dieses innen safrangelb leuchtenden Brotes. Es wird nur aus gutem Mehl, Salz und viel frischem Bergwasser gemacht, und sein ganzes Geheimnis besteht außer in der besonderen Qualität dieser einfachen Zutaten in der Herstellung: Von Hand geformt, werden die Brote zunächst leicht angebacken und dürfen dann kurz durchatmen, bevor sie, mit Sesam bestreut, bei sehr hoher Temperatur zu Ende gebacken werden.

Die Nachhitze der Öfen wird aber noch für eine andere Spezialität genutzt, die auf ganz Sizilien mit Monreale in Verbindung gebracht und auch entsprechend benannt wird. Es handelt sich um die *Biscotti di Monreale,* deren (aus Mehl, Wasser, Vanille, Schmalz, Puderzucker und Eiweiß bestehender) Teig nach kurzer ruhiger Lagerung zu kleinen, schmalen Streifen geformt wird, die dann die Form eines großen »S« erhalten. Nach zwanzig Minuten im Ofen bei 180 Grad werden die leicht gebräunten *Biscotti* noch einmal herausgenommen und erhalten eine feine, dünne Glasur aus Puderzucker, Wasser und Zitronensaft, die auf ihren Oberseiten eine nun ebenfalls in »S«-Form verlaufende, hellweiße Spur hinterlässt.

Das Brot und die *Biscotti* von Monreale kommen aber noch mehr zur Geltung, wenn sie aufgeschnitten und mit jenen süßen Köstlichkeiten bestrichen werden, die in den Straßen von Monreale zahlreiche Läden anbieten. Bis zur Decke nämlich sind ihre schmalen Regale überfüllt mit Hunderten von kleinen Gläsern, in denen sich die reinsten und delikatesten

Marmeladen und Konfitüren Siziliens befinden. Am häufigsten wird ein dunkles Pflaumenmus verkauft, das aus den berühmten weißen Pflaumen Monreales (*Susine Bianche*) hergestellt wird. Diese Pflaumen sind kleiner als die üblichen, uns bekannten, sie haben eine fast durchsichtige, hellgelbe Schale und sind sehr süß. Ihre beiden Sorten (*sanacore* und *ariddu di core*) beziehen ihre Namen daher, dass diese Früchte als besonders gesund gelten und ihre Samen die Form eines kleinen Herzens haben. Von Anfang Juli bis Mitte August werden die einen, von Mitte August bis Ende September die anderen geerntet – wer sich gerade in diesen Monaten in Monreale aufhält, sollte sie unbedingt kosten. Um sie aber das ganze Jahr anbieten zu können, werden die Früchte häufig eigens in Seidenpapier gewickelt und, von der Decke hängend, in Kühlräumen aufbewahrt. Im schützenden Papier schrumpfen sie und behalten ihren hochsüßen und extrem reifen Geschmack. Auf der Zunge liegen sie dann wie schwere, karamellisierte Pralinen mit einem leicht herben, sehr reizvollen, sämigen Zuckergeschmack, den auch das dunkle Mus noch aufbewahrt.

Daneben gibt es natürlich noch weitere Sorten von guten Marmeladen und Konfitüren, hergestellt aus dem Obst der Umgebung, aus Feigen, Mandarinen, Orangen, Kirschen, Erd- oder Brombeeren, aber auch aus Aprikosen und Himbeeren. Die meisten dieser Marmeladen haben – durch Zutaten wie Zitronensaft oder kleine Stücke von Bitterorange – eine leicht herbe und nicht allzu süße Note, auch etwas Zimt oder Limettensaft tragen zu ihrem einzigartigen Geschmack bei.

Am noch frühen Morgen in der *Antica forneria Tusa* noch warmes, duftendes Sesambrot zu kaufen und das aufgeschnittene, hellgelbe Innere dann mit etwas frischer und hoch konzentrierter Marmelade (ohne Butter!) zu bestreichen – das ist mit das beste, einfache Frühstück, das ich mir vorstellen kann. Man sollte weder *Caffè* noch Tee dazu trinken, beide Getränke wären viel zu dominant und vertrügen sich nicht gut mit dem Duo von warmem Duftbrot und samtweicher Marmelade. Stattdessen sollte man Mandelmilch (*Latte di mandorla*) wählen, und zwar solche, wie man sie in den kleinen *Gelaterien* von Monreale bekommt. Sie wird mit der Hand aus klein gehackten Mandeln hergestellt, die in lauwarmem Wasser mehrmals aufgeweicht und ausgepresst werden, bis ihre Masse keine Aromen mehr hergibt. Als silbrig schimmernde, weiß getrübte, fast durchsichtige Flüssigkeit, die aussieht wie Milch, aber keine ist, wird sie in kleinen Gläsern serviert, man nimmt dann und wann einen winzigen Schluck zu den dünn mit Marmelade bestrichenen Brotscheiben – und glaubt, nun endlich ganz in den paradiesischen Gärten Arabiens angekommen zu sein.

Die Päpstin der Dolci

In Monreale und Palermo habe ich nun bereits einige Anhaltspunkte dafür gewonnen, wie die Araber im frühen Mittelalter die Küche der sizilianischen *Dolci* mit geprägt haben. Von Afrika (Tunesien) her kommend, sind sie zu Beginn des neunten Jahrhunderts in Marsala gelandet, das von ihnen auch seinen heutigen Namen erhielt: Marsa Allah, Hafen

Gottes. Vom Westen Siziliens aus eroberten sie dann den Norden und machten Palermo später zur Hauptstadt ihres Reiches und zu einem großen Handelszentrum mit einer Vielzahl lebendiger und bunter Basare und Märkte.

Auf die bereits von den Griechen und Römern als Kornkammer des Mittelmeerraumes gepriesene und besungene Insel brachten sie Früchte und Gewürze mit, die erst für die eigentliche Verfeinerung der sizilianischen Küche sorgten und noch heute die Grundlage aller besonders süßen *Dolci* sind. An erster Stelle natürlich Zuckerrohr und Zucker, der in seiner karamellisierten Form die ebenfalls neu auf Sizilien eingeführten Früchte (wie Orangen oder Zitronen) konservierte. Neben der Einfuhr von Zucker und Zitrusfrüchten verdanken die Sizilianer den Arabern aber auch den Genuss von Datteln, Feigen, Nüssen, Pistazien und vor allem Mandeln, die für die Herstellung von Marzipan unabdingbar waren.

Um mehr über diese frühen arabischen Spuren der sizilianischen *Dolci* zu erfahren, breche ich mit dem Wagen von Monreale und Palermo nach Westen (Richtung Trapani und Marsala) auf. Bevor ich aber die alte Hafenstadt Trapani anfahre, mache ich noch einen Umweg hinauf zu dem hoch über dem Meer, auf einem gewaltigen Felsenplateau, gelegenen Ort Erice. Denn in Erice lebt eine Frau, die von sich behauptet, sie könne ohne die Gesellschaft und Nähe von Mandeln nicht leben. Mandeln in jeder Form (aus dem sizilianischen Ort Avola, wo angeblich die besten Mandeln Siziliens herkommen) gehen dieser Frau täglich durch die Finger, sie zerkleinert und zerhackt sie, sie lässt sie über ihre Hände rieseln und weicht sie in lauwarmem Wasser auf, um ihnen die Schale abzuziehen, sie dreht sie durch eine Mühle – mit einem Wort: Signora Maria Grammatico ist in Mandeln wie in Kinder verliebt, mit denen man täglich spielen und etwas anderes anstellen kann.

Maria Grammatico aus Erice ist aber nicht nur eine Mandel-Verrückte, sondern auch die Päpstin der sizilianischen *Dolci*. Als junges Mädchen wurde die heute über Siebzigjährige in ein strenges Nonnenkloster gesteckt, wo sie viele harte und ärmliche Jahre erlebte. Noch heute kann sie von diesen Jahren bewegt und drastisch erzählen, von den Gottesdiensten in aller Herrgottsfrühe, vom mageren Frühstück und der harten Arbeit, die sie zusammen mit anderen jungen Mädchen des Ortes im Kloster zu leisten hatte. Kein Ausgang, nur beten und langweilige Gottesdienste mit endlosen Predigten, schrecklich muss das gewesen sein!

Irgendwann aber kam sie auf die Idee, die strengen Nonnen bei der Herstellung jener Speisen zu beobachten, deren Rezepte sie geheim hielten und von deren Herstellung sie lebten. Es handelte sich um feinste *Dolci*, die meist nachts, im Verborgenen, nach arabischem Vorbild vor allem aus Mandeln hergestellt wurden. Maria Grammatico legte sich auf die Lauer und notierte heimlich die Rituale der Zubereitung und die unterschiedlichen Mengen der Zutaten. Dann machte sie sich daran, solche *Dolci* selbst herzustellen und nach eigenem Gusto zu verfeinern: Nichts Künstliches, Zutaten nur aus der Natur und nur die feinsten und reinsten!

Als sie sich ihrer Künste sicher war, eröffnete sie in Erice eine kleine *Pasticceria* mit einem anfangs noch überschaubaren

Sortiment. Wie eifersüchtig wurden damals die Nonnen des Klosters, die gehofft hatten, ihre dunklen Geheimnisse mit ins Grab nehmen zu können! Totgeärgert haben sie sich und die junge Maria verflucht, doch Maria Grammatico ließ sich nicht mehr beirren und setzte ihre Entdeckungsreise in die Welt der *Dolci* fort. Und so wurde aus einer zunächst kleinen Verkaufsstelle eine große *Pasticceria* (*Via Vittorio Emanuele, 14*) mit einem kaum noch überschaubaren Angebot, einer langen Verkaufstheke und vielen Vitrinen, in denen die neuste Produktion ausgestellt ist. Draußen, im Freien, gibt es im Hof einen kleinen Garten, wo man die immer frischen *Dolci* gleich verzehren kann, und manchmal tauchen dort auch Schulklassen oder Studentengruppen auf, die dann darauf warten, dass Maria Grammatico auf einen Balkon tritt und ihnen – von der Höhe des Balkons aus – in munterstem Sizilianisch eine große Geschichte erzählt: Wie sie einem strengen Nonnenkloster entkam, wie sie die geheimen Kloster-Rezepte ausspionierte und wie aus alldem eine der bekanntesten *Dolci*-Firmen Siziliens wurde.

Eine solche Geschichte wäre Stoff für einen farbenprächtigen Film, doch dazu ist es bisher leider noch nicht gekommen. Immerhin aber hat eine amerikanische Autorin (Mary Taylor Simeti), die seit Langem auf Sizilien lebt und Maria Grammatico irgendwann kennenlernte, ihre Biografie so packend erzählt, dass daraus sogar ein Bestseller (*Bitter Almonds/ Mandorle Amare*) wurde. In Simetis Buch folgt auf den biografischen, erzählenden Teil ein kleiner Anhang mit Rezepten, die – wie nicht anders zu erwarten – mit einigen kurzen Bemerkungen zu den drei Grundzubereitungsarten von Mandeln eingeleitet werden: Wie man sie blanchiert, wie man sie

röstet, wie man sie mahlt. Darauf werden etwa fünfzig Rezepte präsentiert, die zeigen, wie Maria Grammatico die klassischen Rezepte der sizilianischen *Dolci* noch einmal auf ihre eigene Weise durchdacht und verwandelt hat.

Und welche von ihnen würde ich meiner Begleitung empfehlen, wenn ich mit ihr oder ihm in Marias Garten säße? Um erst langsam »auf den Geschmack zu kommen«, würde ich mit den *Mustaccioli* beginnen. Das sind relativ trockene, lauwarme *Biscotti* mit einem ganz leichten, aber unverkennbaren Mandelgeschmack. Schau, würde ich zu meiner Begleitung sagen, schau, wie die kleinen *Mustaccioli*-Stangen auf der Oberseite wie Brote eingekerbt sind! Das feine Kerbungs-Muster schräger, sich kreuzender Linien erlaubt es, diese *Biscotti* je nach Belieben und Laune so durchzubrechen, dass sie nicht krümeln: Mal ein größeres, mal ein kleineres Stück! Danach ein Schluck Wasser (ohne Kohlensäure natürlich).

Und darauf *La Genovese,* ein kreisrunder, kleiner Mini-Kuchen, mit Puderzucker bestreut, weiß, wie der Gipfel des Ätna. Seine leichte Wölbung erinnert an die Form einer Ravioli, und wahrhaftig enthält er – ganz wie Ravioli – auch eine Füllung, und zwar aus sehr feiner Mandelmilch-Creme, veredelt durch einen Schuss Zitronensaft. Erneut ein Schluck Wasser.

Und weiter mit den *Belli e Brutti* – das sind kleine, nicht mit der Hand, sondern nur vom Zufallsprinzip geformte Kekse (aus Eiweiß und Mandeln, mit starkem Zitronengeschmack). Mit Puderzucker bestreut, liegen diese formlosen *Dolci* da wie raue und klobige Steine, die irgendwo in ein *Dolci*-Flussbett aus Mandelmilch und Zitronensaft gekollert sind. Vor allem die kleinen und kleinsten sollte man probieren, die unzerteilt auf die Zunge passen und deren Geschmack sich beim Zerkauen dann immer mehr intensiviert! Wieder der obligatorische Schluck Wasser.

Und nun die geballte Mandel-Konzentration: Marias *Paste di Mandorla*, kleine, mit Zucker bestreute Kugeln aus Marzipan, deren Intensität vor allem durch einen bestimmten Vanille-Extrakt, verbunden mit einem Extrakt konzentrierten Mandelöls, entsteht. Auch die Form dieser Kugeln hat ihre Gestalterin klug bedacht, sie sind nämlich nicht allzu groß, vielmehr genau mundgerecht. So stellen sie nichts anderes dar als eine Munddosis Marzipan in der pursten und reinsten Form. Mehr als zwei wird man von ihnen nicht essen wollen. Wasser, ein letztes Mal Wasser!

Und dann der triumphale Abschluss: Eine *Bomba di ricotta*! Der Biskuitmantel, der diese *Bomba* gerade noch an ihrer Hinterseite zusammenhält, erscheint durch eine große Öffnung zwischen der vorderen Ober- und Unterseite wie ein riesiges, breit aufstehendes Maul, in dessen unverschämt offen stehendem Schlund man eine Überfülle von Ricotta-Creme gelagert hat. Sie wurde mit Mandeln, Schokoladensplittern und winzigen Stücken Zitronat noch etwas verfeinert und glänzt so dreist und auftrumpfend, dass jeder Genießer sofort versteht: Nach diesem Groß-Genuss geht es nicht weiter! Oder doch?! Aber ja, denn jetzt, nach Genuss dieses Finales der *Dolci*-Kette können wir endlich auch das ewige Wasser-Trinken beenden. Und stattdessen?! – Und stattdessen mit einem kleinen Glas süßen Marsala-Weins schließen. – Und wieso ist dieser Marsala-Wein, den Maria Grammatico auf ihren Tischen im Garten ebenfalls anbietet, derart süß? Gehört er vielleicht ebenfalls zur großen Familie der sizilianischen *Dolci*? – Mal sehen, solche Fragen beantworten wir am besten später, vor Ort, in Marsala, im Hafen Allahs.

Aus Marias *Pasticceria* nehmen wir als weitere Wegzehrung und Ergänzung unseres mobilen *Dolci*-Lagers noch eine Portion *Amaretti* mit. Sie sind nicht fest, sondern luftig, leicht und etwas knusprig. Hergestellt wurden sie aus gerösteten und dann zermahlenen Mandeln, deren feiner Puder mit Eiweiß-Schnee vermengt wurde, bevor das Ganze bei niedriger Temperatur im Ofen goldbraun erstarrt. Auf der langsamen Fahrt von Erice die Serpentinenstraßen hinunter ins Tal und damit ans Meer gönnen wir uns eines dieser *Amaretti* als Nachtisch. Man darf sie nicht kauen oder zerbeißen, ihre kleinen Stücke werden vielmehr auf der Zunge sehr rasch von selbst weich und verwandeln sich in einen porösen Schaum. Marias *Amaretti* sind winzige Baisers! – auch das ist eine Überraschung, wie sie nur die lebenskluge Päpstin der *Dolci* zu bieten hat.

Im arabischen Westen 1

So, nun verändern sich ein wenig die Vorzeichen dieser Reise-Erzählung, denn nun komme ich in ein mir schon lange vertrautes Terrain. Und ich muss etwas bekennen: Ich habe ein Faible für den arabischen Westen Siziliens, und ich habe ein besonderes Faible für den Küstenstreifen zwischen Trapani im Norden und Marsala im Süden. Und wie es mit einem Faible oder einer Passion nun einmal ist: Meist weiß man selbst nicht ganz genau, woher eine solche Leidenschaft kommt, sie ist einfach vorhanden. Man ist auf viele Vermutungen angewiesen, und wie stark sie ist, bemerkt man daran, dass sie sich immer wieder ganz von selbst mit einer bestimmten Sogkraft meldet, ohne dass man lange an sie gedacht oder sie gar gründlich seziert hätte.

Wie oft bin ich zum Beispiel schon mit einem Schiff oder Flugzeug in Palermo gelandet, und wie oft bin ich dann nach wenigen Tagen mit dem Zug oder einem Wagen nach Westen gefahren, geradewegs nach Trapani! Dabei würde ich gar nicht behaupten, Trapani sei besonders schön oder habe vielen anderen sizilianischen Städten einiges voraus – nein, das wäre übertrieben und stimmt so auch nicht. Ich weiß aber, dass ich nach meiner Ankunft in den breiten und oft so menschenleeren Straßen dieser Stadt sofort ans Meer und zum Hafen gehe, wo die Fährschiffe in den Süden ablegen.

Schiffe nach Tunesien! Schiffe zu der geheimnisvollen Vulkaninsel Pantelleria! In kaum sieben Stunden ist man von Trapani aus in Tunis, in kaum sieben Stunden! Ich setze mich nach draußen, in irgendein Café im Hafengebiet, und ich schaue aufs Meer, und schon träume ich bei oft großer Hitze (aber ich liebe Hitze, ja, ich liebe sie wirklich sehr) *den afrikanischen Traum*. Es ist kein ausgefallener, sondern ein einfacher, bildlicher Traum, es ist ein Traum von einer weißen, blendenden Küstenlinie und sehr ruhigen Wellen. Und wenn ich dann immer länger hinaus aufs Wasser starre, erscheint mir das Meer bei Trapani heller und blendender als das Meer sonst an den Küsten Siziliens. Es ist, als leuchtete und blitzte es auf von schweren Salzmoränen, die sich direkt unter seiner Oberfläche und zwischen den Geröllmassen seiner Ufer verbergen – und wahrhaftig gibt es südlich von Trapani große Salinen aus sehr alten Zeiten, wo noch heute ein besonders gutes Meersalz gewonnen wird (ich komme darauf zurück).

Das Meer bei Trapani ist in meinen Augen also bereits »afrikanisch«, und wenn ich es länger und länger betrachte, glaube ich, etwas Fremdes, »Afrikanisches« auch zu riechen und schließlich zu schmecken. Die Erklärung dafür ist einfach, denn ich sitze schließlich direkt am Hafen, sodass sich neben und hinter mir, in den schmalen Gassen der Hafenregion, so manche Trattoria verbirgt, in der gerade jetzt, am Mittag, sizilianisch-arabisch-afrikanisch gekocht wird. Jedes Mal beobachte ich das trapanische Meer, solange es irgend geht und mein Appetit es noch zulässt, dann aber, meist gegen 14 Uhr, ist es genug, und ich stehe auf und suche eines der kleinen Lokale, in denen zu dieser Zeit ein lebhafter Betrieb herrscht.

Als junger Bursche von fünfzehn Jahren bin ich einmal mit meinem Vater in einem Frachtschiff, von Gibraltar herkommend, an der Küste Afrikas vorbei auf Griechenland zugefahren. An Bord war sonst kein Tourist, sondern nur noch die Mannschaft, und als wir die Küste Afrikas sahen, standen wir alle – die halbe Mannschaft und mein Vater und ich – lange an Bord, und niemand sagte noch etwas. Im Sonnendunst entwarf die Küste Afrikas nämlich ein hinreißendes, aufglimmendes Aquarell, das einem wie das Bild einer Fata Morgana erschien: eine stechend weiße Horizontlinie mit einigen dunkelgrünen, im Sonnenlicht zitternden Streifen und Flecken (waren das Palmen? Was war das?!).

Am Abend dieses Tages kochte ein aus Algerien stammender, nur Französisch sprechender Matrose für die gesamte Besatzung. Es gab afrikanischen *Couscous* mit einer besonders scharfen Minze, und danach gab es gebratene, kleine Fische in einer hellen Mandelsauce. Nie zuvor hatte ich damals, in den sechziger Jahren, so etwas gegessen, und nie zuvor hatte ich solche afrikanischen Bilder gesehen. Die Bilder und der Duft und der Geschmack der afrikanischen Speisen – sie ergaben wohl damals eine rare Gesamtkomposition mit einer besonders starken Magie. Denn anscheinend fahre ich ja immer wieder nach Trapani, um diesen magischen Moment – *Afrika aus der Ferne sehen und es vor Ort riechen und schmecken* – erneut zu erleben. Oder steckt noch etwas anderes dahinter, in den tieferen Schichten solcher Magien?

Auch auf meiner *Dolci*-Reise durch Sizilien parke ich meinen Wagen direkt am Meer und sitze später lange Zeit in einem Café des Hafens. An nichts denken, nur schauen! Mit der Zeit lösen sich die alten Überlegungen und Erinnerungen in der Hitze auf, und die schönen, starken Bilder treten in all ihrem Purismus ganz in den Vordergrund. Ein paar wenige, fast somnambul ans Ufer schleichende Wellen, ein paar rabenschwarz hingetuschte, auf und ab dümpelnde Boote, ein kleiner Leuchtturm als letzter Halt vor dem gefährlich still und lauernd daliegenden, glatten und vom Sonnengleißen kompakt überzogenen Meer – und irgendwo in der Ferne, unsichtbar, aber spürbar näher rückend: Die weiße Horizontlinie mit ein paar dunkelgrünen, verschwimmenden Tupfern!

Was ich erlebe, ist *die afrikanische Trance*, das absolute Vergessen. Ich verlasse das mir vertraute Europa, ich setze über auf einen Kontinent, den ich niemals betreten habe und von dem ich nur Märchenhaftes, Verzauberndes weiß. Will ich aber wirklich jemals dorthin? Will ich nach Tunis, Algier oder Marrakesch? Oder will ich sogar weiter und noch weiter, in die Sahara, ja, ahne und phantasmagoriere ich vielleicht nicht nur die ferne afrikanische Küste, sondern ein Weiß der Sahara? Ist es das? Will ich also vielleicht letztlich in der Wüste verschwinden?

Es ist beinahe 14 Uhr, und so stehe ich auf und gehe durch die schmalen Gassen in Hafennähe zu einem meiner Lieblingsrestaurants. Es handelt sich um die *Cantina Siciliana* (*Via Giudecca, 36*), die seit einigen Jahren aus zwei unterschiedlichen Räumlichkeiten besteht. Zur Linken befindet sich nämlich eine kleine Trattoria, die es schon seit über einem halben Jahrhundert gibt, und rechts, direkt daneben, entdeckt man (erst seit wenigen Jahren) eine der besten Enotheken Siziliens, in der man tagsüber sehr gute sizilianische Weine, Weinbrände und Liköre kaufen und abends in einem großen Speiseraum in der Umgebung von Hunderten Flaschen Wein in eher großzügigem Rahmen auch essen kann.

Jetzt, am Mittag, genügt mir aber die kleine Trattoria vollkommen, fast alle Tische sind besetzt, und auf jedem steht eine Kerze, weil die Räume keine großen Fenster haben und dadurch selbst am Mittag recht dunkel sind. Als Vorspeise gibt es in süßem Weinessig eingelegte, danach in Mehl gewälzte und schließlich frittierte Sardinen. Oder, noch besser: im Ofen geröstete Weißbrotscheiben (*Bruschette*) mit Thunfischrogen und Thunfischeiern. Dazu einen eher leichten sizilianischen Weißwein aus der Region (wie zum Beispiel einen *Damaschino*). Kurze Pause, etwas Wein, etwas Wasser – und weiter, zu den nächsten Höhepunkten: einem *Cuscus alla trapanese con calamari fritti* oder *Busiate con pesto trapanese e gamberetti.*

Der von den Arabern nach Sizilien importierte *Cuscus* ist ein oft mehrmals gedämpfter Gries, der in der *Cantina Siciliana* nicht in der feinen, sondern in einer etwas gröberen und dadurch schwereren Variante erscheint. Die Besonderheit der Zubereitungsart besteht hier in Trapani darin, dass neben viel Knoblauch, Sellerie, Zwiebeln und roten Chilischoten auch Zimt, Mandeln, Safran und Rosinen verwendet werden. Dadurch erhält der *Cuscus* einen unvergleichlich herb-süßen und konzentrierten Geschmack. Ganz ähnlich geschieht das auch bei den *Busiate,* länglichen, spiralförmig gedrehten Nudelstreifen, die mit einem überall in Sizilien angebotenen speziellen *Pesto,* dem sogenannten *Pesto trapanese*, serviert werden. Denn auch dieser *Pesto* besteht vor allem aus gerösteten Mandeln, die klein gehackt und mit kurz gekochten Eiertomaten und zerstoßenem Knoblauch sowie schmalen Streifen von Minze und etwas Zimt, Salz und Pfeffer zu einer Paste zerstoßen werden.

Cuscus (mit winzigen, frittierten *Calamari*) oder *Busiate con pesto trapanese* (mit ebenfalls winzigen, frittierten *Gamberetti*) – diese Entscheidung fällt schwer! In beiden Fällen hat man es mit typisch arabisch inspirierten Trapani-Gerichten zu tun, die in den dunklen Räumen der *Cantina Siciliana* zusammen mit der danach servierten Fischsuppe (*Zuppa di*

pesce) und den Aromen von herbem und süßem Wein einen Duft verbreiten, wie man ihn sich betörender und reicher kaum vorstellen kann. Schließt man für einen Moment die Augen, glaubt man sich in eine der Erzählungen von *Tausendundeine Nacht* versetzt, in einen zur Straße hin offenen, weiten Speiseraum, in dem es nach Rosenwasser, Muskat, Safran, Zimt, Nelken, Kümmel und Meersalz riecht. Kleine Wolken von Knoblauchöl, Weißwein und Lorbeer steigen von der Fischsuppe auf, für die man einen konzentrierten Fischfond zubereitet hat, der nach einigen Stunden Lagerung im Kühlschrank die Basis für die eigentliche, aus Wasser und Weißwein bestehende Suppenflüssigkeit war. In dieser Flüssigkeit köcheln dann die unterschiedlichsten Fische (Schwertfisch, Barsch, Seeteufel) und Muscheln, die nach kurzer Kochzeit aus der Weinbrühe genommen und zum separaten Verzehr präpariert werden. Die hoch konzentrierte und mit rotem Chili und Safran abgeschmeckte Suppe aber wird in kleine Schalen gefüllt und dann zusammen mit den – kurz in Olivenöl gewendeten – Fischstücken gegessen.

Sardinen, Thunfischeier, Calamari, Gamberetti und Fischsuppe ... – für einen Zeitraum von mehr als zwei Stunden taucht man, beflügelt durch einen leichten, mineralhaltigen Weißwein, immer tiefer in das helle Meer von Trapani ein. Afrikanisch-arabisch duftet der gesamte Speiseraum der *Cantina Siciliana,* in der es als besonderes *Dolci*-Dessert noch frittierte *Cassatelle* gibt. *Cassatelle* sind halbmondförmige Teigtaschen, die mit einer Ricotta-Creme gefüllt und später in Öl ausgebacken und dann mit Puderzucker bestreut werden. Man bekommt sie überall auf Sizilien, hier in Trapani erhält man jedoch eine Ricotta-Füllung wie nirgends sonst.

Dunkle, zerlaufene Schokolade, Vanille, Zimt und vor allem reichlich Marsala-Wein werden mit dem weichen Ricotta-Käse vermengt – und das alles ergibt eine Creme, die ein idealer Schlussakkord zu einem sehr besonderen Menu ist.

Dieses trapanische Menu arbeitet von den Vorspeisen (*antipasti*) über den ersten und zweiten Gang (*primi e secondi piatti*) bis hin zur Nachspeise mit lauter herb-süßen Aromen, die sich schließlich zur kompletten, reinen Süße einer Creme steigern. Arabische Ingredienzien wie Mandeln, Pistazien, Nüsse, Rosinen, Safran und Zimt spielen in dieser sich immer mehr steigernden Suite eine zentrale Rolle, sodass man sagen könnte: Ein arabisch-afrikanisches Menu dieser Art ist als Ganzes ein *Dolci*-Menu und damit ein Menu, in dem die süßen Faktoren und Stoffe den Gerichten die eigentliche Würze und ihren besonderen Geschmack verleihen.

Für eine solche, ungemein raffinierte Steigerung des durchlaufenden Kontrastes von Herbem und Süßem gibt es nur einen einzigen, allerletzten, krönenden Abschluss: ein Glas *Moscato di Pantelleria* (oder *Zibibbio*). Die Römer sollen diesen hochsüßen Muskateller-Tropfen aus Ägypten nach Sizilien importiert haben, wo er heute vor allem auf der Vulkaninsel Pantelleria (auf dem Weg von Trapani nach Tunesien) angebaut wird. *Zibibb* sagen die Gäste in der *Cantina Siciliana* zu diesem edlen, wunderbaren Süßwein. *Zibibb* ist aber nicht nur eine Abkürzung von *Zibibbio*, sondern auch ein altes arabisches Wort, es meint »getrocknete Traube«. Ich nippe an der teedunklen Flüssigkeit, ich nehme einen ganz kleinen Schluck – und schon ist das Bild da: eine Insel mit einem gewaltigen vulkanischen Krater, in dessen Tiefe ein blauer Süßwassersee mit hellgrünen Rändern darauf wartet, dass mein Körper endlich in genau diesen still daliegenden See eintaucht, bis auf den Grund.

Im arabischen Westen 2

Auch diesmal fahre ich nicht mit einem der schnellen Fährschiffe nach Pantelleria oder Tunis, sondern setze meine Reise mit dem Wagen Richtung Marsala fort. Etwas südlich von Trapani stoße ich auf eine Lagunenlandschaft (*Stagnone*) mit mehreren kleinen Inseln. Hier gab es bereits in der Antike Meerwassersalinen, in denen das damals noch kostbare und teure Meersalz hergestellt wurde. Auch heute wird das besonders gute (und übrigens zu einem eher leichten, keineswegs bitteren, sondern eher weichen und süßen Geschmack tendierende) Salz noch in Wasserbecken durch fortlaufende Regulierung des flachen Wasserstandes und durch Verdunstung gewonnen. Von der Küste aus blickt man auf die gestockten, ruhigen, lang gestreckten Bassins, während im Hintergrund dieser stillen Szene noch alte, inzwischen sogar restaurierte Windmühlen zu erkennen sind.

Das Schönste an dieser Szenerie aber ist ein kleines Fährboot, das von der Küste aus zu der Insel *San Pantaleo* übersetzt, auf der sich noch einige Ausgrabungen von Altertümern der früheren phönizischen Kolonie *Mozia* befinden. *Fenicia* heißt daher auch eines dieser Boote, das durchaus die bescheidene Illusion nährt, man könne nun doch noch – zumindest ein kleines Stück – nach Süden aufbrechen. Als das

Schiff ablegt, bin ich der einzige Fahrgast, der Motor ist kaum zu hören, es herrscht eine dichte Lagunenstille, wie ich sie von den Lagunenlandschaften Venedigs her kenne. Das gebändigte, flache, zu schmalen Rinnsalen verlaufene Meer mit seinem extrem starken Salzgeruch! Schillernde, an den Rändern leicht verkrustete Flächen!

Und dann die Landung auf der Insel mit ihren tonroten Stein- und Wegfarben, ihren mit wildem, hoch stehendem Fenchel überwucherten Feldern, wenigen Häusern und einem Museum, in dem einige Ausgrabungen ausgestellt sind. Die schönste unter ihnen ist die Skulptur eines griechischen Epheben – wohl aus dem fünften Jahrhundert vor Christus –, der einem im Entrée-Raum des Museums wie ein aufmerksamer, hellwacher und umsichtiger Gastgeber begegnet. Der starken Hitze entsprechend, trägt er ein leichtes, fast durchsichtiges, sich dem schlanken Körper kunstvoll anschmiegendes, faltenreiches Gewand. Er lächelt, seine weit geöffneten Augen fixieren den Besucher. Wir Griechen, flüstert er, haben die Phönizier schließlich vertrieben. Sie mussten trotz all ihrer gescheit gebauten Festungsanlagen und Bollwerke aufs Festland fliehen. Dort haben sie eine neue Stadt mit Namen *Lilibeum* gegründet, heute heißt sie *Marsala,* sie ist ganz nahe.

Ich bleibe einige Stunden auf der Insel, ich kaufe etwas von dem wunderbar porös und leicht süßlich schmeckenden Salz, das den arabischen *Dolci*-Speisen des sizilianischen Westens eine besondere, dezente Würze verleiht, ich gehe die ausgetrockneten Pfade entlang und freue mich auf die bedeutendste Weinstadt Siziliens.

Im September 1829 ist der große Sizilien-Enthusiast Wilhelm Waiblinger, dessen Bekanntschaft wir bereits gemacht haben, ebenfalls genau hier, im Westen der Insel, unterwegs. Leider besucht er die Totenstadt *Mozia* und ihre Lagune nicht, dafür sitzt er aber in Trapani hoch oben auf einem Turm mitten auf einer Mole im Hafen und tut das, was er am liebsten tut: den Naturgewalten trotzen. Ihm zuliebe zieht auch gleich ein gewaltiger Sturm auf, und die Wellen spritzen bis zu dem trotzenden Waiblinger hoch hinauf, und ein Gewitter stürmt direkt aus Afrika eigens für ihn heran. Und so erlebt auch Waiblinger hier im Westen sein Afrika-Drama und hat das Gefühl, der ferne Kontinent strecke seine gewaltige Zauberhand nach ihm aus.

Kein Mensch begreift, wieso ich so weite Wege von der Heimat in den Süden genommen habe, schreibt er den Eltern, und erst recht begreift keiner, dass ich zwei Monate reisen muss, um wieder zu Hause zu sein! Das ferne Afrika halten sie hier für mein Zuhause, stellt Euch das vor, dieses Afrika, das einer wie ich, Waiblinger, bei gutem Wetter mit bloßem Auge zum Beispiel von Marsala aus erblickt. Marsala ist das Vaterland des ausgesuchtesten Weins, schreibt er weiter, und dass dieser weltberühmte Wein unter Palmen wachse – wie viel er von ihm getrunken habe, schreibt er dagegen nicht. Ich aber weiß wiederum aus anderen Quellen, dass Wilhelm Waiblinger aus dem Schwabenland nicht nur ein enthusiastisch Reisender, sondern auch ein begnadeter Weintrinker war, das Weintrinken in Marsala verschweigt er in seinem Brief an die Eltern aus guten Gründen, schließlich ist der Brief ja auch so rauschhaft genug.

Kaum zwanzig Minuten fahre ich von den Salz- und Lagunenlandschaften nahe *Mozia* bis in die Stadt der besonders süßen Weine, die es jedem *Dolci*-Genießer leicht machen, nach ausgiebigem *Dolci*-Genuss auf das Weintrinken nicht zu verzichten. Herben, trockenen Wein nach einem solch süßen Genuss zu trinken – das ist einfach unmöglich. Und weil so etwas unmöglich ist, wurde eigens ein spezieller Wein gesucht und kreiert, der die Süße der *Dolci* auffängt und weiterträgt und zu einem längeren und intensiven Weingenuss hin verlängert.

Im Frühjahr 1822 ist der Berliner Altertumsforscher Gustav Parthey in Marsala unterwegs. Ein starker Scirocco pfeift von Afrika her, es handelt sich um einen afrikanischen Wüstenwind aus der großen Sahara, notiert Parthey staunend. Da die elenden Locanden der Stadt ihm nicht zusagen, sieht er sich nach etwas Besserem um und entdeckt schon bald das Landhaus des englischen Weinhändlers John Woodhouse. Diese reinlichen Hausflure! Diese endlich einmal sauberen Holzfußböden! Und erst diese geschliffenen Kelchgläser! Woodhouse, schreibt Parthey, veredle den rohen sizilianischen Wein durch allerhand Zusätze für den nordischen Gaumen. So vertrage er sogar die Versendung nach England und halte sich lange.

Wohl bekomm's! Der Hausherr wartet bei Tisch mit der stärksten Sorte auf, und gleich ist eine gehobene Stimmung da, die sich bei Besichtigung der Gebäude des großen Geländes noch um einiges hebt. Lauter tadellos gebaute Schuppen und Ställe – und schöne Wohnungen für Arbeiter, Küfer und Böttcher! Sogar einen kleinen Hafen mit eigener Mole hat

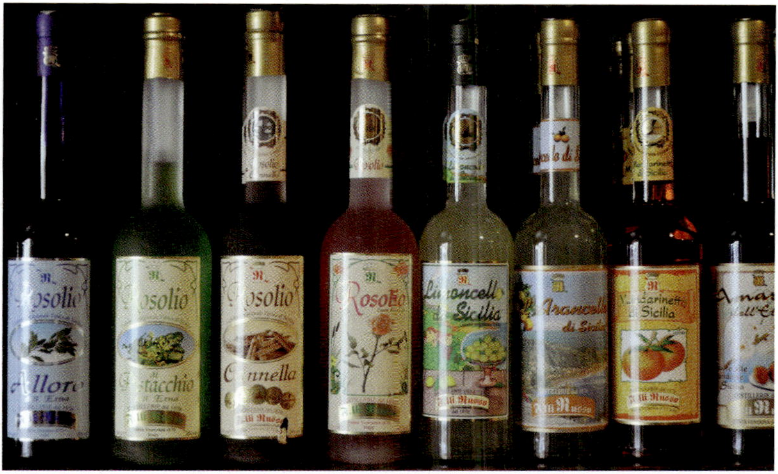
Rosolio
Pistacchio
Rosolio
Cannella
Mandarinetto
di Sicilia

La mia Sicilia
PESTO ALLA TRAPANESE
BRUSCHETTA

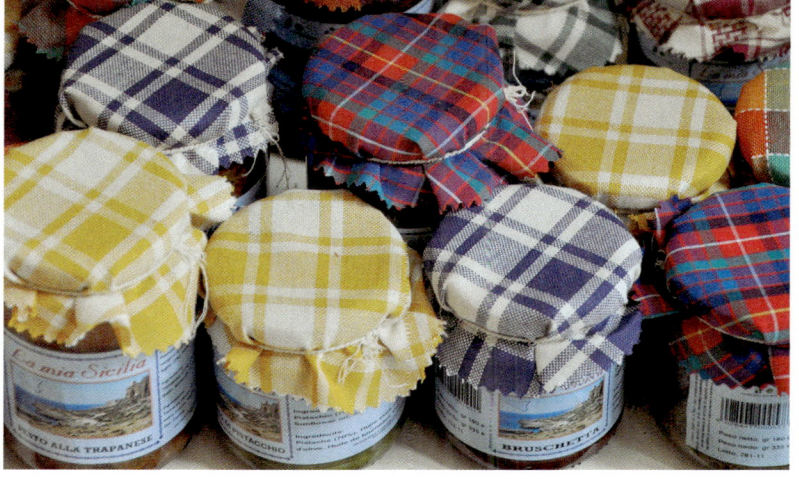

John Woodhouse bauen lassen, damit man seine Weinfässer direkt auf die Schiffe nach England verladen kann! Das Ganze ist im Grunde eine große Fabrik, notiert Parthey, schade, dass der arme Woodhouse ohne Frau und Kinder auskommen muss, wo sein Vermögen doch von Jahr zu Jahr ins beinahe Unermessliche wächst!

Gustav Parthey bewunderte John Woodhouse, aber er ahnte wohl nicht, welches Genie er in Gestalt dieses Engländers vor sich hatte. Denn John Woodhouse war für Marsala und seine Region mehr als eine Jahrhundertgestalt. Seine Idee, den Wein dieser Gegend mit reinem Alkohol zu versetzen, machte aus einem einfachen, aber wenig attraktiven Landwein ein exklusives und zunächst besonders von den Engländern hoch geschätztes Süßwein-Produkt, das die Konkurrenz von Portwein und Sherry schon bald gut bestand. Nach Woodhouse ließen sich weitere englische Familien und Produzenten hier nieder, und schließlich nahmen sich auch sizilianische Erzeuger dieses edlen Produkts an. 1832 kaufte zum Beispiel Vincenzo Florio ein größeres Stück Land direkt an Hafen und Meer und erbaute dort Produktions- und Lagerstätten. Die großen steinernen Weinkeller mit ihren hohen Spitzbögen erlebt man heutzutage während einer Führung, die einem die ganze Welt der Marsala-Weine nahebringt (*Cantine Florio, Via Vincenzo Florio, 1*).

Bevor ich mich durch die Stadt treiben lasse und von einer Weinhandlung zur anderen streife, hier und da koste, dort einen tiefer, unter der Erde gelegenen Keller aufsuche, dann wieder in eine der schönen ebenerdigen Enotheken entlang der Hauptstraßen gehe, eröffnet mir dieser Rundgang durch die *Cantine Florio* erst das ganze Marsala-Universum. Dort erhalte ich in zwei, drei Stunden jene Lektionen, die ich brauche, um später in der Stadt die dunklen und schweren Weine und ihre sehr unterschiedlich ausgebauten Sorten auch genießen und einordnen zu können. Was sind zum Beispiel *Passiti*? Und was unterscheidet die *Passiti*-Weine von den *Liquorosi*? Bei *Florio* probiert man auch die alten *Riserve*, manche sind sechs, manche zehn Jahre alt, und es gibt natürlich auch einen wunderbaren *Amaro,* ganz zu schweigen von den *Spumanti*, die, wie man immer wieder betont, die absolut perfekte Ergänzung zum Genuss jeglicher *Dolci* sind: Kosten Sie den *Florio Spumante,* mein Herr, es ist ein leicht süßer, hocharomatischer Schaumwein, ideal zu *Dolci con crema,* ideal auch zu *Biscotti* und Obst und natürlich auch als Aperitif bestens geeignet, kosten Sie, Sie werden nichts anderes mehr trinken, wenn Sie die *Dolci* so lieben!

Nachts, in den Weinkellern von Marsala, überlege ich kurz, welch wunderbar lebendige und leuchtende Prosa wohl entstanden wäre, wenn Wilhelm Waiblinger über all diese Szenen im Schein der nächtlichen Kerzen eine große Erzählung geschrieben hätte. Feurig und enthusiastisch wie er war, hätte es ein Prosa-Glanzstück werden können. Leider galt Prosa zu Waiblingers Zeiten aber noch nicht sehr viel, die hymnischen Momente vertraute man eher der Lyrik an. Und so hat Wilhelm Waiblinger eben gedichtet und die Frauen Siziliens besungen, »ein herrlich Geschlecht«, hat er gedichtet, und: – »Fremden gefällig, von lüsternem Geist, von feurigen Sinnen«. Ach Waiblinger, ach!

Fürst Granita von Sciacca

Trapani, *Mozia* und Marsala – das sind in meinen Augen my-
thische Orte, mit einer Aura von fremden, fernen Geschichten und Fantasien. Als ich weiter nach Osten fahre, erreiche
ich mit der kleinen Stadt Sciacca bald ein ganz anderes Terrain. Sie verläuft von einem relativ großen Hafengelände einen steil ansteigenden Hügel hinauf bis zur Kuppe, wo ein
altes Kastell thront. Schaut man vom Hafen aus an den bunten Fassaden der schmalen, sich in den Berg schmiegenden,
kubischen Häuser entlang, so glaubt man, eine arabische
Stadt zu sehen. Und wahrhaftig haben die Araber große Teile
von Sciacca geplant und gebaut. Vor allem die labyrinthische
Oberstadt nahe dem dunklen Kastell erscheint einem mit ihren gewundenen Gassen, den altweißen, gelb- und rötlichen
kleinen Häusern und ihren ins Dunkle verlaufenden Trepp-
chen sofort wie eine geheimnisvolle, orientalische Zone.

Die besondere geografische Lage macht aus dieser Stadt aber
keinen mythischen, sondern eher einen in sich geschlossenen, beinahe idyllischen Raum. In der Hafengegend hat sie
eine vor allem abends und nachts sehr belebte Unterstadt
(mit zahlreichen Bars und Fischlokalen), in der Mitte befindet sich ein historisches Zentrum (mit einem rings um den
Stadthügel verlaufenden *Corso* und einem eindrucksvollen
Dom), und darüber schlummert die schon erwähnte Oberstadt mit ihren deutlich arabischen Akzenten. Viele Reisende
haben diese besondere Lage der Stadt sehr geschätzt, einer
von ihnen war Johann Hermann von Riedesel, dessen *Reise
durch Sizilien und Großgriechenland* aus den siebziger Jahren
des achtzehnten Jahrhunderts lange Zeit eine der meistgele-

senen Beschreibungen Siziliens überhaupt war. Riedesel wird mich eine Station lang begleiten, ich komme gleich ausführlicher auf ihn zurück, vorerst soll er nur bestätigen, was auch ich denke und sehe, wenn ich Sciacca erreiche: »Die Lage dieser Stadt ist ungemein angenehm, auf einem kleinen Hügel von welchem man das Meer und das schönste Land, mit Feigen- Orangen- und Citronenbäumen bepflanzet, entdecket: Die Pistazien wachsen hier in großer Menge ...« (*Johann Hermann von Riedesels Reise durch Sizilien und Großgriechenland*, Berlin 1965, S. 29)

Ich will mich nicht allzu lange in Sciacca aufhalten, möchte aber doch drei *Dolci*-Orte besuchen, die durchaus als Besonderheiten einer *Dolci*-Reise gelten können. Der erste ist die kleine *Bar Roma* unten im Hafengelände (*Via Roma*), die seit Jahrzehnten einem Mann gehört, der nur *Zio Aurelio* (*Onkel Aurelio*) genannt wird. Zio Aurelio begrüßt seinen Gast mit einem lautstarken Willkommensgruß und erklärt ihm ohne weitere Umschweife, dass es in dieser Bar die beste *Granita* von ganz Sizilien gibt. Die beste *Granita* ist eine Zitronen-*Granita* und keine andere, es gibt in dieser Bar manchmal auch andere Sorten *Granite*, das aber ist lediglich Spielerei und höchstens etwas für Kinder, die nicht jeden Tag oder jeden Abend Zitronen-*Granita* mögen. Ein wahrer Genießer aber isst ausschließlich und jeden Tag Zitronen-*Granita*, denn nur der besondere Saft der Zitrone passt zu einer *Granita*, nur die Zitrone und keine andere Frucht!

Das Geheimnis der Zitronen-*Granita* von Zio Aurelio ist die spezielle Mischung von stillem Mineralwasser, sehr feinem Zucker und viel frischem Zitronensaft, die eine *Granita* von

ganz besonderer Konsistenz hervorbringt. Sie wird in kleine Gläser bis über den Rand gefüllt – bis über den Rand, das ist wichtig! Denn über dem Rand bildet diese *Granita* eine Schaumkrone von lockerem Zitronenduft, die man mit einem winzigen Löffel abnimmt und als Erstes isst. Danach greift man zu einer *Brioche*, die Zio Aurelio zur Begleitung des *Granita*-Genusses in einem Brotkorb (maximal zwei Brioches kommen auf eine *Granita*) bereithält. Die *Brioche* zerzupft man in kleine Stücke, die man in die nach unten hin festere, aber stets geschmeidig weich bleibende *Granita* taucht. Zwischendurch kommt wieder der Löffel zum Einsatz, zwei, drei kleine Portionen *Granita* pur! Stück für Stück tunkt und löffelt man sich so bis zum Grund des Glases – und beginnt dann noch einmal von vorn, weil sich – so Zio Aurelio – das Wunder des *Granita*-Geschmacks erst ganz beim zweiten Durchgang erschließt!

Schaut man von etwas weiter außerhalb auf Zio Aurelios glaubt man niemals, ausgerechnet in dieser Bar die *Granita* Siziliens serviert zu bekommen. Das Hafen ist hier eine raue und ruppige Gegend, und außer Stühlen, die vor der Bar stehen, ist wenig Einladen kennen. Das ändert sich sofort, wenn man Zi schwarz gekleidet, mit weißer Schürze, hinter kaufstheke erkennt. Ist Maria Grammatico a rückt nach Mandeln, so ist Zio Aurelio besess nen. Gutes Wasser, feiner Zucker und beste Zit in seinen Augen *die Trias von Sizilien*. Das V siert die Fruchtbarkeit seiner Gärten, der seiner Früchte, die Zitrone die Herbheit u Sonne! Keine andere Kombination von Zu

ganz besonderer Konsistenz hervorbringt. Sie wird in kleine Gläser bis über den Rand gefüllt – bis über den Rand, das ist wichtig! Denn über dem Rand bildet diese *Granita* eine Schaumkrone von lockerem Zitronenduft, die man mit einem winzigen Löffel abnimmt und als Erstes isst. Danach greift man zu einer *Brioche*, die Zio Aurelio zur Begleitung des *Granita*-Genusses in einem Brotkorb (maximal zwei Brioches kommen auf eine *Granita*) bereithält. Die *Brioche* zerzupft man in kleine Stücke, die man in die nach unten hin festere, aber stets geschmeidig weich bleibende *Granita* taucht. Zwischendurch kommt wieder der Löffel zum Einsatz, zwei, drei kleine Portionen *Granita* pur! Stück für Stück tunkt und löffelt man sich so bis zum Grund des Glases – und beginnt dann noch einmal von vorn, weil sich – so Zio Aurelio – das Wunder des *Granita*-Geschmacks erst ganz beim zweiten Durchgang erschließt!

Schaut man von etwas weiter außerhalb auf Zio Aurelios Bar, glaubt man niemals, ausgerechnet in dieser Bar die beste *Granita* Siziliens serviert zu bekommen. Das Hafengelände ist hier eine raue und ruppige Gegend, und außer den paar Stühlen, die vor der Bar stehen, ist wenig Einladendes zu erkennen. Das ändert sich sofort, wenn man Zio Aurelio, schwarz gekleidet, mit weißer Schürze, hinter seiner Verkaufstheke erkennt. Ist Maria Grammatico aus Erice verrückt nach Mandeln, so ist Zio Aurelio besessen von Zitronen. Gutes Wasser, feiner Zucker und beste Zitronen – das ist in seinen Augen *die Trias von Sizilien.* Das Wasser symbolisiert die Fruchtbarkeit seiner Gärten, der Zucker die Süße seiner Früchte, die Zitrone die Herbheit und Gewalt seiner Sonne! Keine andere Kombination von Zutaten erreicht eine derartige Schlichtheit und Strenge! Sodass sich der puristi-sche *Granita*-Künstler Zio Aurelio zum Schluss seiner Vorle-sung über *Eine Philosophie der sizilianischen Dolci* dazu be-kennt, die übrigen, aufwendigen und teilweise sogar bombastischen *Dolci* Siziliens zu verachten. Die *Cassata*? Et-was für Witwen! Und die *Amaretti*? Etwas für verzogene Hundchen an der Leine! Das strenge Sizilien, erklärt Zio Au-relio, spiegelt sich am besten in einer ebenso strengen Ästhe-tik. Die Insel des Sonnengottes Helios, auf der die Hälfte des Grases verbrennt und sich selbst die Olivenbäume vor Hitze-schmerz krümmen, sollte dem erbarmungslosen Himmel nur mit drei Substanzen begegnen: Mit Wasser, Zucker und dem Saft der Zitrone! Haben Sie verstanden, mein Freund?! Haben Sie wirklich verstanden?! Bravo, dann schreiben Sie das und genau das!

So weit der hochtemperamentvolle Vortrag am Morgen. Nun aber rasch ein starker Kontrast: die Stille eines Raums mit wenigen Tischen, in denen die sizilianische Küche der einfa-chen und ländlichen Speisen auf ein höheres Niveau gehoben wird: durch ein paar winzige Eingriffe mit Hilfe von vor allem süßen Gewürzen (vorsichtig gegarter Fisch mit Mandeln und Rosinen, gebunden durch eine leichte Zimtsauce), durch rare Kombinationen (*Calamaretti* mit Linsen und Kartoffelpüree).

Für Nino Bentivegnas *Hostaria del Vicolo*, im Zentrum von Sciacca gelegen (*Vicolo Sammaritano, 10*), braucht man am Mittag unbedingt mehrere Stunden Zeit. Schon das Studium der Karte ist ein Genuss, und noch mehr freut einen, dass Nino Bentivegna sie klug erläutert und auslegt und eigent-lich immer dann zur Stelle ist, wenn man etwas genauer wissen möchte. Wie ist diese oder jene Menu-Kombination zu verstehen? Was ist das Besondere daran? Das größte Geheimnis wird um die *Dolci* gemacht, von denen man zunächst nur einige wenige auf der Karte findet. Fragt man aber nach, leuchtet Nino Bentivegnas Gesicht auf vor lauter Freude, einem detailliert von *Dolci* berichten zu können, wie es sie sonst nirgendwo gibt. Eine *Zucchini-Tarte* mit einer *Zimt-Salsa*, bei deren Zubereitung Safran und Fenchelsamen eine bedeutende Rolle spielen! Oder duftige *Crêpes*, gefüllt mit einer *Crema*, in der kandierte Kürbisstücke dominieren!

Nino Bentivegna philosophiert nicht laut, er neigt auch nicht zu Deklamationen oder langen Erklärungen. Stattdessen flaniert er ruhig und still von Tisch zu Tisch, macht hier und dort eine Bemerkung, empfiehlt unvermutet einen bestimmten Wein, verschwindet kurz in der Küche und kommt mit einer Kleinigkeit zurück, die er dem Gast noch unbedingt zeigen möchte. Und das alles beweist: Nino Bentivegna *denkt*, während er seine Gäste bei ihren Mahlzeiten begleitet. Den ganzen Raum und jeden Gast hat er im Kopf, ohne es auch nur einen Moment deutlich oder gar aufdringlich zu zeigen. Vier Personen an einem Tisch – das empfindet er, wie ihm anzumerken ist, als genau die richtige Zahl. Vier Personen bilden ein Streichquartett, könnte Nino Bentivegna denken, und bestimmt bedenkt er auch, wie er die von einem bestimmten Gast gewählte Menu-Folge noch etwas korrigieren und perfekter gestalten könnte. Zur warmen Vorspeise mit Calamari und Gamberi, von Sesam, Karotten und winzig kleinen Tomaten begleitet, einen weißen *Donna Fugata* (einen Weißwein aus dem nahen Mazara)? Und zum Orangen-Risotto mit Flusskrebsen und Thunfischrogen einen roten? Auf jeden Fall sollte der Gast zum Abschluss einen sehr süßen Dessertwein (wie zum Beispiel einen *Florio Ambar*, einen Muskateller *Liquoroso*) trinken. Und wenn er die *Hostaria del Vicolo* am frühen Nachmittag verlässt, sollte er das Gefühl haben, Nino Bentivegnas Gedanken hier und da verstanden und mitgedacht zu haben.

Zitronen-*Granita* unten im Hafengelände, hohe sizilianische Kochkunst am Mittag im *Centro storico* – am Abend ist der Appetit nicht mehr groß, und vor allem verlangt er nichts Außergewöhnliches und lange Ausgearbeitetes mehr, sondern etwas ganz und gar Schlichtes. Und wo?! Natürlich in der orientalisch anmutenden Oberstadt, in einer klassischen Pizzeria (*Conte Luna, Piazza G. Noceto, 11/A*) mit großen Essälen, viel hungrigem Volk und lautem Stimmengewirr. Hier kann man an einer langen Theke kleine, frisch zubereitete, sizilianische Speisen kaufen, mitnehmen und sie dann später, auf einem der schönen Plätze der Oberstadt, draußen im Freien, zusammen mit einem Glas Rotwein, verzehren. Es gibt handtellergroße *Calzoni,* und es gibt wunderbare *Arancini,* safrangelbe Reisbällchen mit Mozzarella und Schinken (*Al Burro*) oder mit Mozzarella, Spinat und Knoblauch (*Agli Spinaci*) oder mit Lachs und Zwiebeln (*Al Salmone*). Und es gibt *Ravazzate*, knusprige, runde Sesambrötchen, gefüllt mit Hackfleisch, winzigen Erbsen und Kirschtomaten (*Alla Carne*) oder mit Schinken und geschlagenen Eiern (*Al Prosciutto*) oder mit Spinat und Knoblauch (*Agli Spinaci*). Interessant ist, dass keine dieser kleinen Speisen ohne Zucker oder eine andere süßende Zutat auskommt, sodass man behaupten könnte: Auch diese Speisen bewahren – trotz aller Herbheit – noch immer einen typischen *Dolci*-Charakter.

Es ist Nacht in Sciacca. Von der lang gestreckten Aussichts-
terrasse mit ihren hohen Palmen und geschwungenen Sitz-
bänken hat man einen weiten Blick auf den leuchtenden
Hafen, die Molen und das Meer. Kein Afrika mehr, nur
noch Sterne, Dunkelheit, Stille. So einen Moment hatte der
Dichter Theodor Däubler zu Beginn des letzten Jahrhunderts
vor Augen – und konnte sich nicht mehr enthalten, hymnisch
und emphatisch zu werden: »Der Stern ist da! Und rot be-
hütet er Sizilien!/ Vereinsamt fiebert das Gestirn am kühlen Himmel./ In Sicherheit beschirmen sich die Sternfami-
lien:/ Sizilien lodert aus der Eilande Gewimmel.« (*Sizilien. Reisebilder aus drei Jahrhunderten.* Hrsg. von Ernst Osterkamp. München 1986,
S. 209)

Ein Blick wie noch nie – Der Garten Griechenlands

Von Sciacca fahre ich am nächsten Morgen weiter nach Agrigent. Im späten April des Jahres 1787 ist auch Johann Wolfgang von Goethe auf diesem Teilstück seiner Sizilien-Tour
unterwegs. Liest man die entsprechenden Partien seiner *Italienischen Reise*, glaubt man beinahe, Goethe habe ununter-
brochen auf den Boden und höchstens ein wenig zur Seite
geschaut. Jedenfalls besteht die Reisebeschreibung dieses
südlichen Streckenabschnitts fast nur aus geologischen und
botanischen Notaten: Kalkfelsen, das flache Erdreich unendlich fruchtbar, Gerste und Hafer stehen schön hoch, vielerlei
Kleearten, ein Wäldchen – und siehe da: wahrhaftig Pantoffelholz!

Dann aber kommt er endlich abends in Agrigent an, ruht sich aus und schreibt am frühen Morgen des nächsten Tages (24. April 1787) einen Satz, wie man ihn nicht mehrmals im Leben schreibt: »So ein herrlicher Frühlingsblick wie der heutige, bei aufgehender Sonne, ward uns freilich nie durchs ganze Leben.« (Johann Wolfgang Goethe: *Italienische Reise*, a. a. O., S. 335) Was ist das für ein Blick? Was sieht er genau? Hoch oben, auf einem Hügel, liegt das Neue Agrigent, in dem er übernachtet. Von dort schaut er aus dem Fenster seiner Unterkunft steil hinab in ein wunderbar grünes Tal voller Gärten und Weinberge, aus dem heraus schließlich die Tempelruinen des Alten Agrigent leuchten. Der Blick eilt dann noch weiter und überfliegt die Tempellandschaft, bis hin zu den weiten Strandflächen und dem am Horizont sich abzeichnenden Meeresblau. Die grüne und dichte Vegetation, die Linie der im Sonnenlicht leuchtenden Tempel, der ferne Strand – ein solches Naturbild aus ganz unterschiedlichen Temperamenten ist nicht mehr zu übertreffen! Am liebsten würde Goethe sofort loseilen, hinab in diese, wie er schreibt, herrlich grünenden, blühenden, fruchtversprechenden Räume – er wird jedoch von seinem Wegführer, einem Geistlichen der Region, gebeten, diesen ersten Tag seines Agrigent-Aufenthalts den Gebäuden der neuen Stadt zu widmen. Und so geschieht es dann auch.

Am nächsten Tag geht es dann freilich hinab in diese Täler und weiter zur Tempellandschaft, und am übernächsten, dem 26. April 1787, steht Goethe frühmorgens wieder an seinem Fenster mit dem überwältigenden Weitblick und erinnert sich an seinen eigentlichen Führer durch Sizilien. Er nennt ihn einen geheimen, stillen, aber nicht stummen

Freund – und bemerkt dann, dass solche Worte noch viel zu wenig sagen. Also setzt er ein zweites Mal an, und nun strömt es aus ihm heraus, und er nennt den geheimen Freund seinen Mentor, auf den er immerzu hinblicke und hinhorche, ja ein Wesen, das Fähigkeiten besitze, die ihm selbst abgingen. Gemeint ist der uns bereits bekannte Johann Hermann von Riedesel, über dessen Buch (*Reise durch Sizilien und Großgriechenland*) Goethe dann auch noch anmerkt, dass er es wie ein Brevier oder einen Talisman am Busen trage.

Riedesel – nun also begegnen wir ihm endlich etwas ausführlicher. Geboren 1740 in einem kleinen Spessart-Ort, macht er sich Anfang der sechziger Jahre des achtzehnten Jahrhunderts nach seinem Studium auf eine weite Kavalierstour durch Europa, die ihn schließlich auch nach Rom führt. Dort lernt er den bedeutendsten Altertumsforscher seiner Zeit, den ebenfalls aus Deutschland stammenden Johann Joachim Winckelmann, kennen. Winckelmann ist damals bereits der vom Papst ernannte Oberaufseher der Altertümer in Rom und ist gerade dabei, den großen Kosmos der klassischen Antike Fundstück für Fundstück beschreibend und erläuternd zu erschließen. Riedesel und Winckelmann verstehen sich gut, anscheinend war sogar geplant, dass sie die Reise durch Sizilien gemeinsam machten. Doch es kommt anders: Riedesel reist allein, aber er reist gleichsam im Auftrag des Freundes und daher ganz und gar mit dessen Augen.

Und das bedeutet: Riedesel interessieren die auf Sizilien erhaltenen klassischen Antikenreste Griechenlands, also Skulpturen, Ruinen und Tempel und damit alles, was irgend nach griechischem Altertum ausschaut – und nichts sonst. Keine

Kirchen, keine christlichen Motive und Bilder, Land und Leute höchstens im Hintergrund, Gestein und Gesträuch im fernen Nebel, Kleearten und Pantoffelholz werden ganz ignoriert. Überall, wo er auftaucht, entdeckt er mit geradezu atemberaubender Sicherheit antike Fundamente, Grabstätten und Fundstücke, die er mit einer immens fleißigen Ausdauer zu beschreiben und zu klassifizieren versucht. Genau hinschauen, beschreiben, einordnen – zu Riedesels Zeiten ist das noch eine gewaltige, geradezu herkulische Arbeit, denn er kann auf keine einzigen Hilfsmittel außer auf das Wissen, das er sich an Winckelmanns Seite angeeignet hat, zurückgreifen. Und so entdeckt und schöpft er gleichsam aus dem Leeren und holt als einer der Ersten überhaupt ans Tageslicht, was heutzutage Hunderte von gedruckten Führern in Tausenden von trockenen Faktenangaben fixieren.

Goethe begreift Riedesel als seinen großen Mentor, weil ihm dessen Detail-Wissen abgeht. Wenige Jahrzehnte vor ihm hat dieser gebildete, tüchtige und hellwache Mann die Spuren gezogen, denen Goethe nun folgt. Riedesel geht flüsternd, erläuternd und mutmaßend voraus – und Goethe folgt ihm (allerdings auch zur Seite und besonders intensiv auch aufs Grün blickend) hinterher. Ein einziges Mal aber haben diese beiden Reisenden einen ganz ähnlichen Blick, es ist der überwältigende Blick aus dem Fenster einer Unterkunft im Neuen Agrigent hinunter auf die grünen Täler, Tempelanlagen und weiter zum Meer. Es ist ein Blick, der auch Riedesel vollkommen aus der Bahn wirft und den er – als einen der ganz wenigen seiner Reisebeschreibung – als ein großes, hinreißendes Naturbild entwirft: Unter mir lauter Weinstöcke, Öl- und Mandelbäume, herrlichstes Getreide, schmackhafteste Gartengewächse und alle möglichen Früchte, Zäune von Aloe und Indianischen Feigenpflanzen, hundert und mehr Nachtigallen, lauter entzückende Felder – und dann: die gewaltigen Trümmer der großen Tempel.

Riedesel ist von diesem Blick so ergriffen, dass er sich – ganz ähnlich wie später Goethe – zu einem hymnischen Ausruf hinreißen lässt, wie man ihn nur wenige Male (oder vielleicht auch nur einmal im Leben) hervorbringt. In seinem Fall wird dieser Ausruf noch dadurch gesteigert, dass er nicht auf Deutsch, sondern in klassischem Latein erfolgt. Riedesel weiß ganz genau, was er diesem besonderen Moment schuldig ist – ein paar harmlose deutsche Worte genügen nicht mehr, es müssen vielmehr lateinische Worte her, wie sie kein anderer als der römische Dichter Horaz einmal gesungen hat. Und so ruft Riedesel aus, begeistert wie nie: »---- Hic vivere vellem,/ Oblitusque meorum, obliviscendus & illis/ Neptunum procul e terra spectare furentem.« – (»Hier möchte ich leben, die Meinen vergessend und von ihnen vergessen, und aus der Ferne und vom Land her dem tobenden Neptun zuschauen.«) (Johann Hermann von Riedesel: *Reise durch Sizilien und Großgriechenland*, a. a. O., S. 31 und 104)

Es ist nicht leicht, diesen legendären Blick und das ihn herausfordernde Landschaftsensemble heutzutage zu rekonstruieren. Das jetzige, noch immer hoch über dem Tal der griechischen Tempel gelegene Agrigent ist weiß Gott keine Schönheit und wird daher sogar von den großen Touristenscharen eher gemieden. Die bunten Busse fahren vielmehr direkt den meernahen Tempelbezirk an und setzen die Besucher auf großen Parkplätzen ab. Von dort stürmen sie auf die lang gezogenen alten Straßen des umzäunten Bezirks und eilen von einem Tempel zum nächsten. Manche schaffen es in einer Stunde, die meisten brauchen vielleicht zwei oder drei – dann ist es Zeit, und man besteigt wieder den Bus. Macht man es jedoch so, versäumt man das Schönste, und man begreift nichts von dem, was gerade diese Landschaft in den Augen früherer Reisender wie Riedesel oder Goethe einmal zu einer Landschaft gemacht hat, die sie verzauberte wie keine andere auf Sizilien.

Was beide sahen, waren große Gartengelände, die den Anschein von altgriechischen Gartenlandschaften erweckten. Hier, in Agrigent, war das Bild endlich einmal vollständig: die grüne, blühende Natur, die alten Tempel und das weite Meer – ganz so, wie man sich Sizilien immer erträumt hatte. Dieses Bild war gleichsam das Urbild des Faszinosums Sizilien, ein *idyllisches* und gleichzeitig *heroisches* Altgriechenland, das Land der grünen Sträucher, blühenden Bäume, duftenden Früchte – *und* das Land der klassischen Tempel – *und* beides vor der Kulisse des zur Ruhe gekommenen, *homerischen* Meeres.

Sizilien als *Insel der Dolci* – in Agrigent nähere ich mich den frühsten Bildern dieser Verbindung in Gestalt eines großen Gartens, der von der griechischen Gartenlandschaft noch übrig geblieben ist. Ganz in der Nähe des Eingangs zur Tempellandschaft zweigt nämlich ein Weg ab und führt zu einem ganz anderen Eingang, dem Eingang in den *Kolymbetra-Garten* der antiken Täler von Agrigent. Der Name geht auf ein großes Wasserbecken zurück, das die Griechen dort viele Jahrhunderte vor Christus als Zentrum eines sehr erfolgrei-

131

chen Bewässerungssystems angelegt hatten. Mit Hilfe dieses ausgeklügelten Systems gelang eine kontinuierliche Bewässerung der trockenen sizilianischen Erde und dadurch auch der Anbau von Früchten sowie eine intensive landwirtschaftliche Nutzung. Im Mittelalter soll diese Gartenlandschaft von Mönchen als Abteigarten genutzt worden sein, noch im neunzehnten Jahrhundert wurde sie von vielen Reisenden auf ihrer großen Tour durch den Süden aufgesucht, bevor sie verfiel.

Heute aber führt ein schmaler Pfad in die Tiefe des Tals, von dem aus die Hügel zu beiden Seiten steil aufsteigen. Die kleinen Wege führen wie in frühsten Zeiten an schmalen Bewässerungsrinnen mit fließendem Wasser, Teichen und Brunnen vorbei. Das Tal wirkt ganz in sich gekehrt, man hört das Wasser und spürt eine erfrischende Kühle, aber außer ein paar Gärtnern ist hier kein Mensch unterwegs. Und dann kommen die Ruhe und das große Staunen, und man begeht ein Gelände wie sonst nirgends auf Sizilien. Die Orangenbäume sind voller dichter Trauben von Früchten und werfen dunkle Schattenringe auf die lehmbraune, geharkte Erde, an den Wegrändern entlang verlaufen Artischockenfelder, Bananen- und Zuckerrohrstauden stehen mit halb verbrannten, zu Boden hängenden Blättern im Umkreis der Teiche, umzäunte Gärten mit niedrigem Gemüse schieben sich zwischen die Haine, und überall, die Hänge hinauf: mannshohe Stauden mit weißen, blauen und gelben Blüten.

Der paradiesisch anmutende Raum bietet seine Früchte auch ganz direkt an. Sie liegen hier und da auf dem Boden, man hebt sie auf, wäscht sie an einem der vielen Brunnen, schneidet sie auf und glaubt, nie zuvor im Leben eine Orange gegessen zu haben. Sie schmeckt so frisch, leicht, konzentriert und vor allem süß, als wäre sie vor Minuten überhaupt erst entstanden und zur Welt gekommen. Eine einzige, kleine Frucht – wie ein Universum von Aromen, Geschmacksnoten und Farben! Die Schale leicht fleckig und keineswegs glatt, das Innere mit unendlich vielen Tönen von Dunkel- bis Blutrot – und der Saft, ja wie, wie lässt sich ein derartiger Saft denn bloß benennen? Die Griechen haben davon gesprochen, dass die olympischen Götter *Nektar* tranken – und genau so würde ich aus lauter Hilflosigkeit denn auch den Orangensaft des antiken Tals von Agrigent benennen: ein *Dolci*-Saft par excellence, ein himmelssüßer *Nektar,* ein Trank aus dem Olymp.

In den späten Apriltagen des Jahres 1787 hat Johann Wolfgang von Goethe die antiken Ruinen und die große Tempelanlage von Agrigent besucht und mit aller gebotenen, von strenger Riedesel-Lektüre gelenkten Aufmerksamkeit studiert. Dann aber hat er den Ruinen und Tempeln doch den Rücken gekehrt, den Blick wieder auf den Boden und zur Seite gerichtet und sich auf den zweiten Weg, den Weg durch die antiken Täler gemacht.

Liest man seine *Dolci*-Notate aus der *Italienischen Reise* heutzutage vor Ort, im *Kolymbetra-Tal* von Agrigent, so glaubt man, ihn flüstern zu hören: ... Bohnen, Weizen, Tumenia – ein Name, mit dem sie hier ein Sommerkorn bezeichnen. Braucht nicht viel Regen, aber starke Wärme. Und unter Bohnen verstehen sie Puffbohnen. Geht man durch die Äcker, geben die Bauern einem ganz junge und lassen einen essen,

so viel man will. Blühender Akanthus mit prächtigen Blättern. Auch Artischocken und Kohlrabi werden hier roh gegessen. Feigen, Mandeln, Trauben, Melonen. Und, lächelnd und staunend: »Sie machen artige Einteilungen mit Rändchen in dem Erdreich wo sie Kohl pflanzen wollen, zum Behuf der Wässerung …« (Johann Wolfgang Goethe: *Italienische Reise,* a.a.O., S. 345/346)

Die Schokoladen von Modica

Bevor meine Reise in Syrakus, der größten griechischen Stadt des antiken Siziliens, zu Ende geht, mache ich noch in Modica Station. Denn auch Modica ist für bestimmte *Dolci* berühmt, die es so nur in dieser Stadt gibt. Ich meine die ganz besonderen Schokoladen, die in der gesamten Stadt in vielen Läden, Cafés und *Laboratorien* präsent sind. Alle paar Meter stößt man in den Auslagen der Geschäfte auf die unterschiedlichsten Sorten, sodass man einen eigenen Modica-Spaziergang nur diesem Thema widmen könnte. Und in der Tat hat das seit 2003 in der Stadt ansässige *Consorzio Tutela Cioccolato Artigianale di Modica* – ein Zusammenschluss der bedeutendsten Schokoladen-Hersteller – eine kleine Broschüre herausgegeben, die den Fremden auf die *Via del Cioccolato* schickt und ihm nebenbei deren Geschichte erklärt.

Anscheinend hat alles mit den Grafen von Modica begonnen, die während der spanischen Fremdherrschaft auf Sizilien im siebzehnten und frühen achtzehnten Jahrhundert für die Verbreitung von spanischen (und damit sogar aztekischen)

135

Rezepten der Schokoladenherstellung sorgten. Die Quellen in den Archiven der Stadt beweisen jedenfalls, dass es bereits 1746 *Cioccolattieri* (Schokoladenhersteller) in Modica gab, die vor allem die adligen Familien der Stadt mit ihren Erzeugnissen belieferten. Flüssige und feste Schokoladen wurden damals an hohen Festtagen als Dessert gereicht.

Das Besondere der *Cioccolato di Modica* besteht in der Zubereitungsweise. Um sie genau zu verstehen und auch in der handwerklichen Praxis vor Ort verfolgen zu können, gehe ich in eines der bekanntesten Cafés der Stadt, das *Caffé dell' Arte* (*Corso Umberto I, 114*), wo mich der Besitzer Ignazio Iacono mit in sein *Laboratorio* nimmt. Zunächst werden die Kakaobohnen vorsichtig gemahlen, die dadurch entstehende Masse wird auf höchstens 40 Grad erwärmt und geschmolzen. Zucker wird hinzugefügt, dann auch jeweils ein Aroma, wie entweder Zimt oder Vanille – die beiden sind die ältesten Aromen und damit die Klassiker. (Heutzutage sind Ingwer und vor allem Peperoncino – also die scharfe Variante – sehr in Mode.) Die tiefschwarze, leicht erwärmte Schokoladenmasse mit hohem Kakao-Gehalt, die jetzt vor uns liegt, wird dann vorsichtig ausgewalzt und in rechteckige Zinnformen mit relativ hohen Wänden gegossen. Nach der Kühlung der Masse hält man also nicht eine dünne Tafel, sondern einen kleinen Schokoladenbarren in der Hand. Er glänzt nicht, denn ihm wurden weder Milch noch andere Fette zugesetzt. Stattdessen erscheint er kompakt und blass, mit einer oft leicht weißlichen oder sogar zum Gräulichen hin tendierenden, dünnen Patina, die durch die austretende Kakaobutter entsteht.

Die Verblüffung beim Kosten dieser Modica-Schokolade ist groß, denn plötzlich schmeckt man auf der Zunge die Zuckerkristalle als einen Wirbel von Körnern, die auf der Zunge hin und her rollen. Wegen der niedrigen Zubereitungstemperatur haben diese Kristalle sich noch erhalten und transportieren jetzt die starken Kakao-Aromen. Wie dunkelbrauner oder schwarzer Mörtel erscheint einem der kleine Barren, der beim Zerschneiden in viele, kleine Brocken zerfällt.

Ignazio Iacono spricht von der Herstellung seiner Schokolade wie von einer Geheimwissenschaft. Leonardo Sciascia, der große sizilianische Schriftsteller, habe sie etwas »Archetypisches«, »Reines«, »Absolutes« genannt und deshalb nie eine andere Schokolade gegessen. Wegen ihrer besonderen Zubereitung nenne man sie auch eine *Cioccolata a freddo* (Schokolade mit niedriger Zubereitungstemperatur) oder eine *Cioccolata a crudo* (Schokolade in roher, reiner Form). Ihr Purismus, ihre Schlichtheit, aber auch ihre Reinheit und Dichte machten aus ihr ein typisch sizilianisches *Dolci*-Produkt: elementar, unverfälscht und von einer gewissen vitalen Wucht.

Und dann breitet Signor Iacono die ganze Palette seiner Schokoladen in winzigen Probiersplitterstücken vor mir aus. Ich soll kosten, eine nach der andern, und am Ende soll ich sagen, welche mir die liebste ist: die mit Aromen vom Johannisbrotbaum (*Carruba*), die mit *Caffè*, die mit Peperoncino, die mit Pistazien oder die mit *Agrumi di Sicilia*? *Agrumi di Sicilia* – mit welchen *Agrumi*? Zitrone, Orange und Mandarine – ein Genuss reinster Zitrusblütenaromen! Ich koste und koste, ich kann mich nicht entscheiden. Da aber macht Signor Iacono ein paar Schritte zur Seite und greift nach einigen besonders schwarzen Schokoladenstücken, die er so vorsichtig und andächtig neben die anderen legt, als wären es vornehme Prinzen, die jederzeit einen Extraplatz beanspruchen. Das ist unsere *Cioccolata Nero Nero*, sagt Signor Iacono, 100 % Kakao, die *cioccolata purissima*. Und stellen Sie sich vor: Wir haben den Kakao mit den besten Alkoholika Siziliens kombiniert, mit Weiß- und Rotweinen, mit Grappa, Cognac, Rum. Wenn Sie es ganz wild treiben wollen, lächelt Signor Iacono – dann machen Sie genau diese Schokolade zur Grundlage einer perfekten, teuflischen Sauce. Zu Fleischgerichten natürlich, zu Wild, oh ja, besonders zu allen Wildgerichten!

Die *Cioccolata Nero Nero* ist bereits nach erstem Kosten meine Lieblingsschokolade. Signor Iacono schenkt mir eine ganze Tafel und führt mich nach seinem intensiven und temperamentvollen Vortrag (vor der Kulisse eines alten Jesus-Bildes) wieder zurück in sein Café. Essen Sie die Schokolade erst am späten Nachmittag oder am Abend, sagt er. Am frühen Morgen und kurz vor dem Mittagessen höchstens ein kleines Probierstück! Die Schokolade soll Ihnen nicht den Appetit nehmen, das wäre doch schade. Nachmittags, abends und nachts (vor dem Zubettgehen!) soll sie eine Belohnung sein, für das, was Sie während des Tages geleistet haben. So wäre es richtig! Und wenn Sie jetzt, kurz vor Mittag, etwas in dieser Richtung zu sich nehmen wollen, dann trinken Sie draußen, an unseren Tischen im Freien, eine flüssige Schokolade. Wollen Sie? Haben Sie Lust?

Natürlich habe ich. Und so nehme ich draußen Platz und erhalte schon bald eine kleine, außen dunkelbraune Tasse auf einem ebenso dunkelbraunen Untersatzteller. Die flüssige

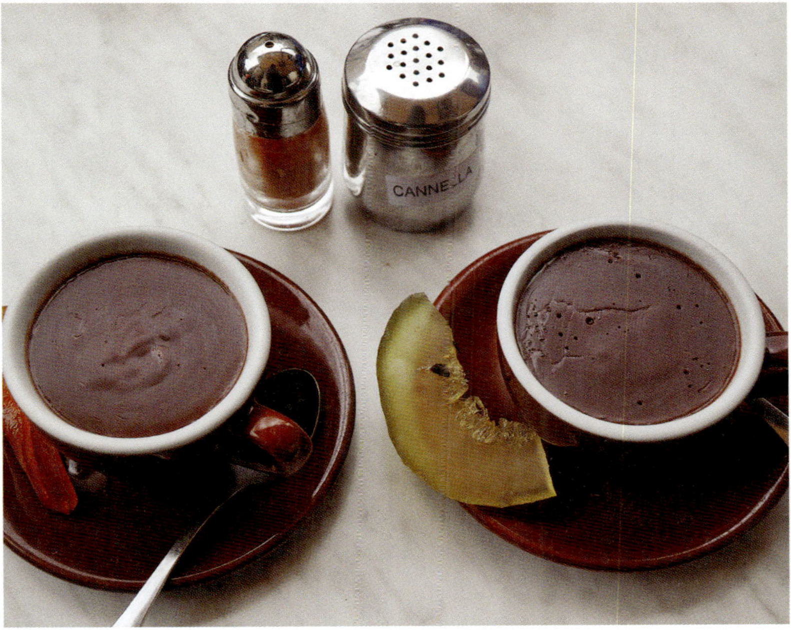

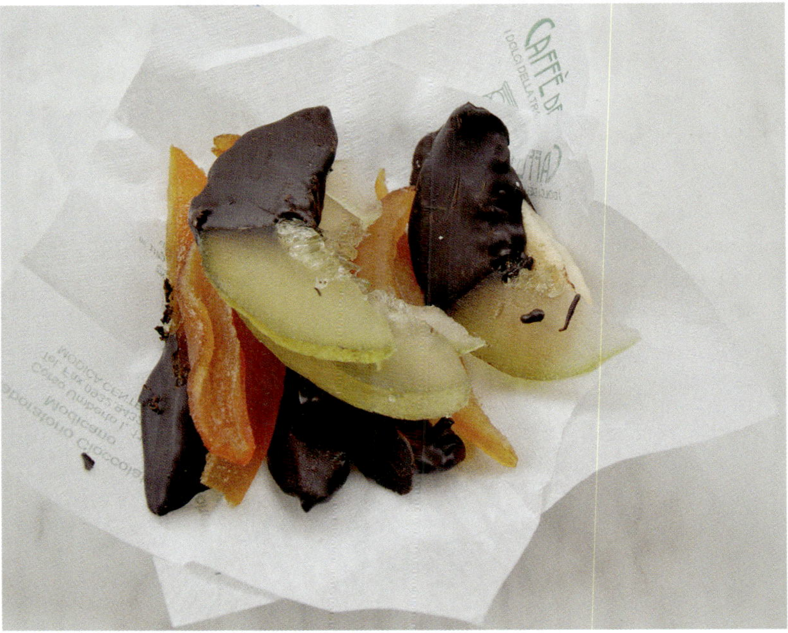

Schokolade im weißen Innenrund der Tasse hat genau dieses Dunkelbraun, es stimmt alles, nur eines nicht: Diese Schokolade ist keineswegs flüssig! Deshalb also liegt ein kleiner Löffel dabei, und neben Teller und Tasse stehen noch ein Zimt- und ein Peperoncino-Streuer. Die angebliche Flüssigkeit hat eine dicke Pelle oder Oberschicht aus dehnbarer, leicht fest gewordener Schokolade mit winzigen Luftlöchern. Wenn ich mit dem Löffel vorsichtig hineinsteche und ein Schokoladenloch grabe, stoße ich auf die geringfügig weicheren und beinahe flüssigen Schichten. In das gegrabene Loch gehören (je nach Geschmack) die Zimt- oder Peperoncino-Aromen hinein, ich kann aber auch zu der kleinen Scheibe Zitronat oder Orangeat, die ebenfalls noch auf dem Untersatzteller liegen, greifen und sie hineintunken.

Was aber koste ich da eigentlich? Erst nach einigem Probieren und Nachdenken fällt es mir ein. Ich koste nämlich eine dunkelbraune, sehr süße und elementare *Zuppa di cioccolata* (der Name ist eine eigene innovative Begriffsbildung, aus dem ersten Überraschungsmoment beim Kosten geboren. Signor Iacono findet ihn wunderbar). Diese Suppe hat einen leicht pelzigen Mantel oder eine feste Schutzschicht, durch die man zu ihrem Vulkankern vordringt. Man kann das Innere dieses Vulkans feurig anfachen (Peperoncino), man kann ihn auch milde besänftigen (Zimt) – auf jeden Fall trinkt man diese *Zuppa* nicht, sondern löffelt sie in einer langsamen, sich beinahe über eine halbe Stunde hinziehenden Prozedur aus. Als *Zuppa* ist das Ganze eine Vorspeise (*antipasto*). Sodass ich mich jetzt auf den Weg zu den *primi e secondi piatti* machen sollte. Und wo sollte ich die essen? Signor Iacono empfiehlt die *Osteria dei Sapori Perduti*, die nur einige Hundert Meter entfernt ebenfalls an der Hauptstraße des Ortes liegt (*Corso Umberto I, 228/230*).

Auf dem Weg komme ich an dem traditionsreichsten und ältesten Schokoladen-Geschäft Modicas vorbei, an der *Antica Dolceria Bonajuto* (*Corso Umberto I, 159*). Es wurde bereits 1880 von Francesco Bonajuto in einem damals noch kleinen Laden eröffnet, wo es sich heute noch befindet. Der jetzige Verkaufsraum ist noch immer nicht groß, aber er ist für seinen Zweck einer der schönsten, die man sich denken kann. Die dunkle Holztäfelung mit vielen Vitrinen, in denen die Geschichte der *Cioccolato di Modica* anhand von einigen Ausstellungsstücken erzählt wird, hat etwas beinahe Sakrales. Und hinter der Theke, neben all den bunten Türmen der Schokoladenwaren, steht die Priesterin, die mit hoher und fester Stimme die einzelnen Waren mit ihren genauen Bezeichnungen ausruft.

Öffnet sich die Tür, beginnt sie jedes Mal von vorn und setzt ihren Listen-Gesang dann eine Weile fort, während die Kunden erst von Vitrine zu Vitrine gehen und sich dann langsam den Waren nähern. Von denen darf man probieren und kosten, und während man das tut, spricht die junge Priesterin weiter und weiter. In einem Raum hinter ihrem Rücken befindet sich das *Laboratorio,* in das man durch eine schmale Öffnung in der Wand hineinschauen kann. Und irgendwann kommt dann die große Pause und Stille. Die Priesterin schweigt für eine Minute, die Schokoladen-Handwerker im *Laboratorio* schauen regungslos auf die frische Kakaomasse, die sie gerade hergestellt haben, und man hört eine alte Uhr ticken. Wahrhaftig, man hört sie ticken! Als spielte nicht nur die junge Priesterin mit einem, sondern auch die Zeit, die Geschichte: die Spanier vor vierhundert Jahren, die Azteken vor fünfhundert …

Ich reiße mich los, nehme auch hier einige kleine Schokoladenbarren mit und gehe hinüber zur *Osteria dei Sapori Perduti*. Auf den viereckigen Tischen mit den bunten, karierten Tischdecken liegen Speisekarten, die wie Ringbücher aussehen. Es sind aber Fotobücher. Links ist das jeweilige Gericht durch ein Foto abgebildet, rechts liest man (in mehreren Sprachen), um was es sich handelt. Es gibt Saubohnen mit Nudeln, es gibt Kichererbsen und Linsen, und es gibt Kutteln oder Gulasch – eine einfache, ländliche, sehr gute Küche. Und hinterher?! Ein Zimtgelee (*Gelo di cannella*) …, ein Mandelparfait (*Parfait di mandorle*) … und, ganz heimlich, ein winziges Stück *Cioccolata Nero Nero*, 100 % Kakao, schwerer Rotweingeschmack …

Die Entdeckung der Gastrosophie

Weil Syrakus in der Antike die größte und bedeutendste Stadt auf Sizilien war, fühlten sich die Reisenden der letzten Jahrhunderte immer wieder aufgefordert, diese Stadt im Osten der Insel unbedingt zu besuchen. Bedeutende griechische Dichter wie Pindar oder Aischylos hatten hier gelebt, Philosophen wie Platon hatten am Hofe gelehrt – Syrakus war einmal eines der großen geistigen Zentren des gesamten Mittelmeerraums. Man reise also dorthin – und prompt kam die Enttäuschung. Was war denn noch übrig von all der klugen Herrlichkeit der Antike?

Der Enthusiast Wilhelm Waiblinger meldet sich und berichtet, dass er eine größere Heruntergekommenheit noch nie gesehen habe. Früher sage und schreibe 1 200 000 Einwohner, jetzt 14 000 Eselstreiber. Und alle halbnackt in Lumpen. Und die Frauen laufen wie die Männer mit offenen Brüsten herum. Und Esel und Schweine nachts neben dem Bett. Auch Ernst Jünger ist nicht gerade begeistert, als er sich auf den Weg zu den berühmten Papyrusstauden der Arethusa-Quelle macht. Arethusa – das war in der antiken Vorstellung eine schöne Nymphe, die sich den Nachstellungen des Flussgottes Alpheios entzog und auf ihren Wunsch hin von der Göttin Diana in eine Quelle verwandelt wurde. Und wo ist diese Quelle in Syrakus? In der freien Natur, in der Wildnis – denkt sich Ernst Jünger. Doch dann trifft er in der Nähe des Hafens auf ein armseliges, rundes Becken, wie ein Aquarium, wo ein paar Fische um ein paar Stauden herumschwimmen. (So korrigiert man die innere Geografie, murmelt er knurrig.)

Kein Wunder, dass auch Goethe sich zweimal überlegte, ob er Syrakus wirklich ansteuern sollte. Ende April 1787, wir wissen es, befindet er sich noch in Agrigent, der Stadt mit dem einmaligen Blick tief hinein ins alte Griechenland. Kann ein solcher Blick noch übertroffen werden? Nach kurzem Nachdenken entschließt Goethe sich, Syrakus zu meiden und lieber quer durchs Land zu reisen. Es war uns nicht unbekannt, dass von dieser herrlichen Stadt wenig mehr als der Name geblieben war, schreibt er dann noch verhalten, aber deutlich genug.

In der Tat ist es so, dass Syrakus auch für einen *Dolci*-Reisenden heutzutage keine Stadt ist, die er unbedingt aufsuchen sollte. Es gibt dort nichts Charakteristisches, Typisches, man bekommt vielmehr nur das, was man überall auf Sizilien anbietet: *Cassata, Cannoli*. Ich vermute hier einmal kühn, es hat damit zu tun, dass viele Gelehrte und Philosophen – vorsichtig gesagt – keine enge Beziehung zum Genuss unterhalten. Als der große Platon das erste Mal nach Syrakus kommt, gefällt ihm das dortige Leben, das alle Welt bis dahin so gepriesen hat, überhaupt nicht: lauter syrakusanische Schlemmermahlzeiten, schreibt er, ein Leben, bei dem man sich zweimal am Tag den Bauch bis obenhin vollstopft und dann auch noch nachts niemals allein schläft! Höchste Zeit, Mäßigung und Besonnenheit zu predigen und die völlig ausgerasteten Syrakusaner von ihren Grundübeln (Schlemmen, Trinken, Liebesgenuss) zu befreien!

Aber es gibt auch die Ausnahmen, es gibt auch die klugen Theoretiker und Philosophen des Genusses, die Essen und Trinken nicht verachten und etwas derart Konkretem und Sinnlichem dieselbe Aufmerksamkeit und theoretische Neugierde widmen wie abstrakten Themen. Ihr Vorläufer, ja ihre Urgestalt ist der in Gela oder Syrakus geborene Archestratos von Gela, der in der Mitte des vierten Jahrhunderts vor Christus das wohl erste Lehrgedicht über die Kochkunst in Hexameterform schrieb. Der hohe und elegante Ton der festlich klingenden Hexameter wirkt gegenüber den Themen des Gedichtes bewusst parodierend. Archestratos wollte sich über den Luxus und die Schlemmereien seiner Zeit jedoch keineswegs lustig machen, wohl aber zeigen, welche überdrehte Form das Gespräch über Essen und Trinken seit den alten Zeiten Homers angenommen hatte. Während der Symposien und Festmähler wurde laufend in kennerischer Manier über die Speisen und Zutaten gesprochen – war diese Inflation des kulinarischen Gesprächs nicht lächerlich und war es nicht höchste Zeit, dem etwas entgegenzusetzen, ohne doch die Liebe zu Essen und Trinken ganz zu verleugnen?

Mit seinen festlichen Hexametern spottet Archestratos über das halbgebildete Reden und Schwätzen über kulinarische Themen. Gleichzeitig beweist er sich aber als der erste Gastrosoph, dem wir als Pionier dieses Seitenzweigs der Philosophie den Blick auf die richtigen (einfachen) Zubereitungsformen von Speisen verdanken. Nicht Fleisch (wie noch in den Epen Homers), sondern Fisch steht im Vordergrund. Fisch ist leichter und gesünder als Fleisch. Fisch ist empfänglich für Nuancen. Welche Sorten sind die schmackhaftesten und wo werden sie gefangen? Mit welchen Gewürzen verfeinere ich sie? Grillen oder kochen? Und welchen Wein sollte ich dazu trinken – und ... – welche *Dolci* zum Schluss einer Mahlzeit genießen?

Archestratos ist der eigentliche Erfinder des gastrosophischen Schauens und Denkens, ein philosophischer Theoretiker, der die Praxis der Kochkunst genau studiert und als Erster Kochvorgänge und Geschmackserlebnisse seziert und beschreibt. (Unser Begriff *Gastronomie* kommt von ihm, man könnte ihn mit *Bauchkunde* übersetzen.) Sollte man ihn am Ende einer so weiten Reise durch die *Dolci*-Regionen der Insel Sizilien also nicht unbedingt in jener Stadt feiern, in der er lehrte und philosophierte? Und sollte man das nicht in einem Fisch-Restaurant tun, das sich neben dem großen Fischmarkt von Syrakus, in seiner Altstadt, auf der Halbinsel *Ortygia*, befindet?

Ich beende meine wochenlange Sizilien-Reise mit einem Fisch-Essen im Ristorante *L'Ancora* (*Via Perno, 7*). Gegen Mittag sind hier die syrakusanischen Schlemmer wie zu Platons Zeiten in Scharen versammelt. Keine Mäßigung, keine Besonnenheit! Und reiches, kulinarisches Reden! Und ein Hin und Her an Bestellungen und Debatten darüber, was man als Erstes, als Zweites, als Drittes bestellt! Und welcher Wein?! Und welche *Dolci*?!

Ich halte mich an die Empfehlungen des großen Archestratos und bestelle das Einfachste: *Antipasti di mare* (ein Vorspeisenteller mit kleinen Fisch-Kostproben), *Zuppa di vongole* (Fischsuppe mit Venusmuscheln) und eine frische *Orata al forno* (Dorade aus dem Ofen) mit kleinen, geschmorten Kartoffeln und in Weißwein gedünstetem Gemüse.

Und der Wein?! Keinen Wein! Zum Abschluss einen der guten, sizilianischen *Spumanti*! Einen *Spumante*, der den Stauferkaiser Friedrich II. ehrt (einen *Federico II* der *Azienda Milazzo* aus Licata). 1198 wurde Friedrich König von Sizilien, sein Sarkophag befindet sich im Dom von Palermo.

Die letzten *Dolci* der Reise sind: eine Orange und eine *Cedro*, das weiße Innere mitsamt der Schale wie in antiken, griechischen Tagen in sehr dünne Scheiben geschnitten. Auf diese dünnen, schimmernden Scheiben etwas Olivenöl, etwas Salz, etwas Zucker. Und nichts weiter – als nur noch dieser strenge, klare Genuss.

Das Dolci-Bücher-Menu

In diesen Büchern, Essays oder Aufsätzen über die Insel Sizilien und die besonderen Themen dieses Buches habe ich während meiner Arbeit gelesen.

Die kleine Auswahl bildet daher mein individuelles Fünf-Gänge-Menu anregender, inspirierender und weiterführender Lektüren.

Reisebilder, Reiseliteratur

Fest, Joachim: *Im Gegenlicht. Eine italienische Reise.* Berlin 1988

Giordano, Ralph: *Sizilien, Sizilien! Eine Heimkehr.* Köln 2002

Goethe, Johann Wolfgang: *Italienische Reise.* In Zusammenarbeit mit Christof Thoenes hrsg. von Andreas Beyer und Norbert Miller. München Wien 1992

Jünger, Friedrich Georg: *Briefe aus Mondello 1930.* Hamburg 1943

Levi, Carlo: *Worte sind Steine. Drei Reisen nach Sizilien.* Deutsch von Caesar Rymarowicz. Berlin 1960

Meier, Chris: *Sizilien. Kulinarische Reiseskizzen.* Weil der Stadt 1997

Meuth, Martina & Neuner-Duttenhofer, Bernd: *Andrea Camilleris sizilianische Küche. Die kulinarischen Leidenschaften des Commissario Montalbano.* Köln 2012

Nestmeyer, Ralf: *Sizilien. Literarische Streifzüge.* Düsseldorf 2008

Osterkamp, Ernst (Hrsg.): *Sizilien. Reisebilder aus drei Jahrhunderten.* München 1986

Peter, Peter: *Sizilien. Literarische Entdeckungen im Land, wo der Teufel sein Weib nahm.* Stuttgart 1997

Johann Hermann von Riedesels Reise durch Sizilien und Großgriechenland. Einführung und Anmerkungen von Arthur Schulz (= Winckelmann-Gesellschaft Stendal Jahresgabe 1964). Berlin 1965

Seume, Johann Gottfried: *Spaziergang nach Syrakus im Jahre 1802.* Hrsg. und kommentiert von Albert Meier. München 1994

Wolffheim, Franziska: *Sizilien. Portraits einer Insel.* Frankfurt am Main und Leipzig 2006

Antike Literatur

Archestrato di Gela: *Vita di Delizie. Frammenti di Gastronomia.* Floridia 2007

Archestratos of Gela: *Greek Culture and Cuisine in the Fourth Century Bce.* Text, Translation and Commentary by S. Douglas Olson and Alexander Sens. Oxford 2000

Bradford, Ernle: *Reisen mit Odysseus. Zu den schönsten Inseln, Küsten und Stätten des Mittelmeers.* Aus dem Englischen von Fritz Güttinger. Frankfurt am Main und Leipzig 1999

Dreher, Martin: *Das antike Sizilien.* München 2008

Homer: *Die Odyssee.* Deutsch von Wolfgang Schadewaldt. Reinbek bei Hamburg 1966

Lembach, Kurt: *Die Pflanzen bei Theokrit.* Heidelberg 1970

Pindar: *Oden.* Griechisch/Deutsch. Übersetzt und hrsg. von Eugen Dönt. Stuttgart 1986

Platon: *Briefe.* Griechisch-deutsch, hrsg. von Willy Neumann. München 1967

Reinhardt, Thomas: *Die Darstellung der Bereiche Stadt und Land bei Theokrit.* Bonn 1988

Theokrit: *Die echten Gedichte.* Deutsch von Emil Staiger. Zürich und Stuttgart 1970

Brunner, Maria E.: *Was wissen die Katzen von Pantelleria*. Prosa. Wien 2003

Bürgi, Katharina (Hrsg.): *Sizilien und Palermo. Eine literarische Einladung*. Berlin 2008

Camilleri, Andrea: *Neuigkeiten aus dem Paradies. Ansichten eines Sizilianers*. Aus dem Italienischen von Christiane von Bechtolsheim. Bergisch Gladbach 2005

Clausi, Maurizio (u. a.): *Auf Andrea Camilleris Spuren durch Sizilien. Die Lieblingsschauplätze des Commissario Montalbano*. Aus dem Italienischen von Moshe Kahn, Christiane von Bechtolsheim und Schahrzad Assemi. Bergisch Gladbach 2007

Consolo, Vincenzo: *Bei Nacht, von Haus zu Haus*. Roman. Aus dem Italienischen von Maria E. Brunner. Wien 2003

Consolo, Vincenzo: *Retablo*. Roman. Aus dem Italienischen von Maria E. Brunner. Wien 2005

Consolo, Vincenzo: *Palermo. Der Schmerz*. Roman. Aus dem Italienischen übersetzt und mit einem Nachwort versehen von Maria E. Brunner. Wien Bozen 2008

Dolci, Danilo: *Sizilianische Geschichten*. Aus dem Italienischen von Anna Mudry und Christine Wolter. Köln 1987

Garra Agosta, Giovanni: *Verga fotografo*. Catania 1991

Maraini, Dacia: *Bagheria. Eine Kindheit auf Sizilien*. Aus dem Italienischen von Sabina Kienlechner. München 1994

Miller, Norbert: *Die Insel der Nausikaa. Spiegelungen des Sizilianischen Abenteuers*. Mainz Stuttgart 1994

Ortheil, Hanns-Josef: *Das Kind, das nicht fragte*. Roman. München 2012

Pirandello, Luigi: *Feuer aus Stroh. Sizilianische Novellen*. Berlin 1997

Pirandello, Luigi: *Die Alten und die Jungen*. Roman. Aus dem Italienischen übersetzt von Johanna Borek und Michael Rössner. Berlin 2001

Poeti arabi di Sicilia. Note introduttive di Carlo Ruta e Pino Blasone. Messina 2009

Quasimodo, Salvatore: *Gedichte 1920-1965*. Italienisch-Deutsch. Ausgewählt und übersetzt von Christoph Ferber. Mainz 2010

Sciascia, Leonardo: *Mein Sizilien*. Aus dem Italienischen von Martina Kempter und Sigrid Vagt. Berlin 1995

Sciascia, Leonardo: *Das weinfarbene Meer*. Erzählungen. Aus dem Italienischen von Sigrid Vagt. Berlin 2009

Tausendundeine Welt. Klassische arabische Literatur vom Koran bis zu Ibn Chaldûn. Ausgewählt und übersetzt von Johann Christoph Bürgel. München 2007

Tomasi di Lampedusa, Giuseppe: *Die Sirene*. Erzählungen. Aus dem Italienischen von Charlotte Birnbaum. München 1961

Tomasi di Lampedusa, Giuseppe: *Der Gattopardo*. Roman. Aus dem Italienischen und mit einem Glossar von Giò Waeckerlin Induni. München Zürich 2004

Trebesch, Jochen: *Giuseppe Tomasi di Lampedusa. Leben und Werk des letzten Gattopardo*. Berlin 2012

Verdura, Fulco di: *Selige Sommerzeit. Eine sizilianische Kindheit*. Nacherzählt von Edmonde Charles-Roux. Aus dem Französischen von Margaret Carroux. Tübingen 1983

Verga, Giovanni: *Cavalleria rusticana. Sizilianische Novellen*. Aus dem Italienischen übersetzt und mit einem Nachwort von Dorothea Zeisel. Stuttgart 1992

Winkler, Eugen Gottlob: *Gedenken an Trinacria*. In: *Die Dauer der Dinge. Dichtungen. Essays. Briefe*. München 1985

Zur Geschichte der Dolci

Apicius, Marcus Gavius: *De re coquinaria/ Über die Kochkunst*. Lateinisch/Deutsch. Hrsg., übersetzt und kommentiert von Robert Maier. Stuttgart 1991

Blum, Doris & König, Jean Pierre: *Zu Tisch in Sizilien*. Augsburg 2002

Carcano, Elena: *Il banchetto del Gattopardo. A tavola con l'aristocrazia siciliana*. Torino 2005

Farina, Salvatore: *Dolcezze di Sicilia. Arte cultura storia e tradizioni dei dolci e della pasticceria siciliana.* Caltanissetta 2003

Freni, Melo: *Il giardino di Hamdis.* Palermo 1992

Kalka, Joachim: *Wenn er dir die Zitrone zeigt.* In: Stuttgarter Zeitung vom 09. Juni 2012

Sestini, Domenico: *Memorie sui vini siciliani.* A cura di Alfio Signorelli. Palermo 1991

Simeti, Mary Taylor: *Pomp and Sustenance. Twenty-Five Centuries of Sicilian Food.* Hopewell, New Jersey 1989

Simeti, Mary Taylor: *La tavola del Gattopardo. La cucina siciliana tra letteratura e memoria.* Palermo 2001

Simeti, Mary Taylor und Grammatico, Maria: *Bitter Almonds. Recollections and recipes from a Sicilian girlhood.* New York 2002

Tanga, Maria Ivana: *I Malavoglia a tavola. Giovanni Verga e la cucina dei contadini siciliani.* Torino 2008

Zara, Anna Rita & Tiani, Maurizio: *La cucina dei Califfi. Le ricette delle Mille e una Notte.* Torino 2002

Koch- und Rezeptbücher

Gravina, Maria Rosa: *Dolci Siciliani.* San Giovanni la Punta 2004

Leemann, Pietro: *Diario di un cuoco.* Milano 2007

Locatelli, Giorgio: *Sizilien. Das Kochbuch.* München 2012

Lomazzi, Giuliana: *Il grande libro dei dolci.* Milano 2011

Magistro, Claudia: *Scorza d'arancia.* Palermo 2011

Marco, Maria Teresa di & Ferré, Marie Cécile: *La Cucina Siciliana. Fest der Sinne.* Aus dem Italienischen von Ingrid Ickler. Wien Graz Klagenfurt 2011

Minutella, Antonella: *Süßes aus Sizilien.* Palermo 2009

Vicenzino, Cettina: *Mamma Maria! Familienrezepte aus Sizilien.* München 2010

Bildlegenden

T y r r h e n i s c h e s   M e e r

San Vito
la Capo

*Golfo di
Castellammare*

*Golfo di
Palermo*

◉ **Palermo**

*Golfo
Termini I*

Trapani

Monreale

Alacamo

Marsala

S

Mazara del Vallo

Sciacca

Agriger.

Pantelleria

M i t

N

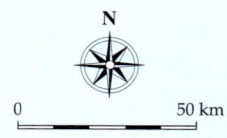

0   50 km

Joachim Kaiser

Sprechen wir über Musik

Eine kleine Klassik-Kunde

176 Seiten, Broschur
btb 74712

**Was Sie schon immer über Musik wissen wollten,
aber bisher nicht zu fragen wagten**

Mit diesem besonderen Buch will Joachim Kaiser vor allem
eines: Andere für den Zauber der Musik gewinnen. Und
so schreibt er auch: Begeistert, kenntnisreich und immer
verständlich. Er erhebt sich nicht über den Leser, sondern lässt
ihn an seinem Wissen und seiner Liebe zur Musik teilhaben.
Wie deutsch klingt eigentlich deutsche Musik? Was störte
Glenn Gould an Beethoven? Welche Bedeutung haben
Pausen in einem Stück? Und wozu braucht man eigentlich
Musikkritiker? Auf solche und viele weitere Fragen seiner
Leser antwortet Kaiser in diesem Buch.

Eine ebenso kluge wie unterhaltsame kleine Klassik-Kunde,
die viel Wissenswertes vermittelt und auf wunderbare Weise zu
einer tieferen Beschäftigung mit der Musik anregt.

»Zweifellos der größte Musikkritiker der Gegenwart«
Die Welt

Irvin D. Yalom

bei btb

Die rote Couch. Roman

544 Seiten, Broschur, ISBN 978-3-442-72330-0

Die Liebe und ihr Henker und andere Geschichten aus der Psychotherapie

384 Seiten, Broschur, ISBN 978-3-442-72378-2

Die Reise mit Paula

336 Seiten, Broschur, ISBN 978-3-442-72640-0

Jeden Tag ein bißchen näher. Eine ungewöhnliche Geschichte

352 Seiten, Broschur, ISBN 978-3-442-74716-0

Der Panama-Hut oder Was einen guten Therapeuten ausmacht

336 Seiten, Broschur, ISBN 978-3-442-74039-0

Was Hemingway von Freud hätte lernen können

336 Seiten, Broschur, ISBN 978-3-442-73097-1

Liebe, Hoffnung, Psychotherapie

384 Seiten, Broschur, ISBN 978-3-442-73173-2

Im Hier und Jetzt.
Richtlinien der Gruppenpsychotherapie

416 Seiten, Broschur. ISBN 978-3-442-73236-4

Die Schopenhauer-Kur. Roman

448 Seiten, Broschur, ISBN 978-3-442-73588-4

Und Nietzsche weinte. Roman

448 Seiten, Broschur, ISBN 978-3-442-73728-4

In die Sonne schauen.
Wie man die Angst vor dem Tod überwindet

272 Seiten, Broschur, ISBN 978-3-442-73838-0

Ein menschliches Herz

96 Seiten, Broschur, ISBN 978-3-442-74257-8

Das Spinoza-Problem. Roman

480 Seiten, Broschur, ISBN 978-3-442-74208-0